D1672887

Wunder

in Märchen und biblischen Geschichten

Ein Plädoyer für ein neues Miteinander

Jürgen Wagner und Heidi Christa Heim

Impressum

Copyright 2019 Jürgen Wagner und Heidi Christa Heim

Druck und Verlag: epubli
GmbH, Berlin, www.epubli.de

Titelbild: Lotusblume ° phuchit.a@gemail.com/AdobePhotoshop

INHALT

Artus Scheiner

DIE WAHRHEIT UND DAS MÄRCHEN

Die Wahrheit ging durch die Straßen der Stadt, nackt wie am Tag ihrer Geburt. Jeder der sie traf, flüchtete vor ihr und niemand wollte sie in sein Haus lassen. Eines Tages begegnete ihr das Märchen. Das Märchen war geschmückt mit herrlichen, prächtigen, vielfarbigen Gewändern, die jedes Auge und jedes Herz entzückten. „Sage mir, geehrte Freundin", fragte das Märchen, „warum bist du so betrübt und schleichst so gebückt umher?" – „Es geht mir schlecht, ich bin alt und betagt und niemand liebt mich", antwortete die Wahrheit. „Nicht weil du alt bist, lieben die Menschen dich nicht! Auch ich bin sehr alt, doch je älter ich werde, desto mehr lieben mich die Menschen. Siehe, ich will dir das Geheimnis der Menschen verraten: Sie lieben es, dass jeder ein wenig verhüllt ist und schön geschmückt. Ich will dir einige meiner Kleider geben und du wirst sehen, dass die Menschen auch dich lieben werden."

Die Wahrheit befolgte diesen Rat und schmückte sich mit den Kleidern des Märchens Seit damals gehen Wahrheit und Märchen gemeinsam aus und die Menschen lieben sie.

Ein jüdisches Märchen nach Jakob Kranz (1740 – 1804)

Das jüdische Märchen spricht aus, was wir uns mit diesem Buch wünschen: dass biblische Geschichten und Märchen *miteinander* zu gehen vermögen. miteinander gehen. Es ist ein Plädoyer für ein neues Verhältnis dieser beiden Gattungen: weniger durch unsere Argumente und Interpretationen als durch die Geschichten selbst. Dabei gilt zu beachten, dass biblische Geschichten keinen Besitzanspruch auf Wahrheit und Märchen keinen auf vielseitige Unterhaltung haben. Biblische Geschichten können sehr farbenfroh und spannend – und Märchen sehr lebensnah und wahr sein!

Mär-chen (Verkleinerungsform von Mär) bedeutet ursprünglich *kleine Kunde, kleine Erzählung.*

Evangelium wiederum bedeutet *frohe Kunde, gute Nachricht.*

Beide haben also etwas zu sagen, zu berichten: die Weisheit des Volkes *und* die Geschichten der Bibel. Beide *künden* dem Menschen etwas. Es liegt also in beiden etwas, was uns angeht, was wir hören sollten! Während die Religionen und Mythen überall auf der Welt große Geschichten von Göttern und Menschen erzählen, begnügen sich die Märchen immer mit ‚kleinen' wundersamen Erzählungen von Menschen, ihren Umständen und ihrem Weg. Sie erzählen, was ihnen widerfährt und wie sie ihr Lebensziel erreichen –

oder verfehlen. Das Märchen ist so etwas wie die kleine Schwester der großen Mythe. Sie haben vieles gemeinsam: beide wissen um den Weg des Menschen. Beide kennen sowohl die Versuchungen von Hochmut und Maßlosigkeit, aber auch die bessere Alternative: Bescheidenheit, Konsequenz und die Bereitschaft, sich etwas sagen zu lassen. Märchen und Bibel schildern die wundersame Hilfe, die einem unterwegs begegnen kann, wenn man sie braucht. Beide erzählen von der Hoffnung, dass das Ziel erreichbar ist, wenn man die Prüfungen auf sich nimmt und Hilfe annimmt.

In der Bibel sind die Wunder eine Bestätigung des Göttlichen in der Welt. In den Märchen geschehen sie einfach – sie sind keiner Erklärung bedürftig oder fähig. Hier sind die Märchen sogar nüchterner als die Mythen. Dennoch wird wohl beim Thema ‚Wunder‘ die ‚religiöse‘ Dimension der Märchen so deutlich wie bei keinem anderen Thema.

Man hat in der Vergangenheit immer betont, dass biblische Geschichten *keine* Märchen sind. Man war nur auf Abgrenzung bedacht. ‚Erzähl mir doch keine Märchen!‘ Wie das Wort ‚Mär‘ waren auch die ‚Märchen‘ immer mehr in den Ruf gekommen, ‚nichts Wahres‘ zu erzählen. Das hat sich in den letzten Jahrzehnten gründlich geändert. Man hört heute wieder neu hin, nicht zuletzt dank der tiefenpsychologischen Deutung ihrer Figuren und

Bilder und einer neu belebten Märchenforschung und Erzählkultur.

Wir haben im Folgenden zu unserem Thema zu *einer* menschheitlichen Erfahrung je *eine* biblische Geschichte und *ein* Märchen nebeneinandergestellt. Uns liegt nicht so viel an der Einzel-Interpretation als an dem Versuch, dass beide sich gegenseitig spiegeln und bereichern. Wenn wir die Erzählfreude der biblischen Geschichten wieder genießen und die Märchen auch als verschlüsselte Weisheitstexte lesen können, haben wir die goldene Mitte und das gesunde Gleichgewicht wieder gefunden.

Wir kommentieren hier nicht und möchten es dem geneigten Leser bzw. der Leserin überlassen, *seine/ihre* Entdeckungen zu machen.

Die biblischen Texte sind zitiert nach der Einheitsübersetzung. Die ausgewählten Märchen sind großteils aus dem europäischen Raum.

Jürgen Wagner

1. Der offene Himmel

V. van Gogh, Sternennacht

JAKOBS TRAUM

Isaak rief Jakob, segnete ihn und befahl ihm: Nimm
keine Kanaaniterin zur Frau! Mach dich auf, geh nach
Paddan-Aram, zum Haus Betuëls, des Vaters deiner
Mutter! Hol dir von dort eine Frau, eine von den
Töchtern Labans, des Bruders deiner Mutter! Gott der
Allmächtige wird dich segnen. Jakob zog aus
Beerscheba weg und ging nach Haran. Er kam an einen
bestimmten Ort, wo er übernachtete, denn die Sonne
war untergegangen. Er nahm einen von den Steinen
dieses Ortes, legte ihn unter seinen Kopf und schlief
dort ein.

Da hatte er einen Traum: Er sah eine Treppe, die auf der
Erde stand und bis zum Himmel reichte. Auf ihr
stiegen Engel Gottes auf und nieder. Und siehe, der
Herr stand oben und sprach: Ich bin der Herr, der Gott
deines Vaters Abraham und der Gott Isaaks. Das Land,
auf dem du liegst, will ich dir und deinen
Nachkommen geben. Deine Nachkommen werden
zahlreich sein wie der Staub auf der Erde. Du wirst dich
unaufhaltsam ausbreiten nach Westen und Osten, nach
Norden und Süden und durch dich und deine
Nachkommen werden alle Geschlechter der Erde Segen
erlangen.
Ich bin mit dir, ich behüte dich, wohin du auch gehst,
und bringe dich zurück in dieses Land. Denn ich

verlasse dich nicht, bis ich vollbringe, was ich dir versprochen habe.

Jakob erwachte aus seinem Schlaf und sagte: Wirklich, der Herr ist an diesem Ort und ich wusste es nicht. Furcht überkam ihn und er sagte: Wie Ehrfurcht gebietend ist doch dieser Ort! Hier ist nichts anderes als das Haus Gottes und das Tor des Himmels. Jakob stand früh am Morgen auf, nahm den Stein, den er unter seinen Kopf gelegt hatte, stellte ihn als Steinmal auf und goss Öl darauf. Dann gab er dem Ort den Namen Bet-El (Gotteshaus). Jakob machte das Gelübde: Wenn Gott mit mir ist und mich auf diesem Weg, den ich eingeschlagen habe, behütet, wenn er mir Brot zum Essen und Kleider zum Anziehen gibt, wenn ich wohlbehalten heimkehre in das Haus meines Vaters und der Herr sich mir als Gott erweist, dann soll der Stein, den ich als Steinmal aufgestellt habe, ein Gotteshaus werden und von allem, was du mir schenkst, will ich dir den zehnten Teil geben.

Aus 1. Mose 28

DIE DREI RINGE

Es war einmal ein König, der warb einem anderen König für seinen Sohn um dessen Tochter und schickte ihm einen Brief und eine kostbaren Ring als Brautgeschenk. Als der fremde König den Brief gelesen hatte, sagte er zu dem Boten: „Freund, ich kann dir keine Antwort geben, ehe ich nicht mit meiner Tochter gesprochen habe." Darauf ging er zu seiner Tochter und sagte ihr, dass ein König für sie um seine Sohn freie und dass er ihr als Ehepfand diesen Ring schicke. „Was soll ich ihm antworten?" Die Königstochter schaute den Ring an und sprach: „Diesen Ring will ich nicht. Nur wenn er mir drei Ringe bringt, einen mit Sternenlicht, einen mit Mondenschein und einen mit Sonnenglanz, erst dann werde ich seine Gemahlin."

Der König erzählte das dem Boten und fügte hinzu: „Grüße deine König und sage ihm Dank für die Anfrage, bitte ihn auch, mir nicht zu zürnen über die Antwort meiner Tochter, ich vermag ja nichts über sie." Der Bote kehrte zurück und berichtete seinem König, wie die Sache stehe. Der König wurde zornig, fing aber an, nachzudenken, wie er die drei Ringe beschaffen könne und ließ zuletzt in aller Welt verkünden, wer ihm einen Sternering, einen Mondenring und einen Sonnenring beschaffen könne, dem würde er die Hälfte seines Königreiches geben. Aber das war vergeblich. Zuletzt verfiel der Königssohn in großen Kummer und beschloss, selbst auszuziehen und die drei Ringe zu suchen. Wohin er auch kam, er fragte nach ihnen, aber er konnte sie nirgends finden. Zuletzt geriet er in ein großes Gebirge und wollte sich schon vor Gram das Leben nehmen. Da begegnete ihm eine alte Frau, die grüßte er mit „Gott helfe!" Sie erwiderte: „Gott kann freilich helfen, du unglücklicher und doch glücklicher, ja überglücklicher Sohn." Der Königssohn verwunderte sich und fragte, was das bedeuten solle. „Du bist ja fast zugrunde gegangen, aber in mir hast du eine Ärztin gefunden, die dich, so Gott will, von deinem Leid befreien wird." Nun wollte der Königssohn ihr alles erzählen, sie aber rief: „Genug, genug, ich weiß schon, was dir fehlt! Nimm dieses Kraut von meinem Brusttuch und stecke es in dein Hemd, ganz nahe bei deinem Herzen. Dann löse mein Haar und lass die eine Hälfte nach vorn, die andere über meinen Rücken fallen." Und als er das getan hatte, füllte es das ganze Tal.

„Setz dich zu mir", sagte die Alte. Nun müssen wir warten, bis der erste Stern aufgeht. Sobald du ihn siehst, nimm das Kraut in deine Hand und sprich: „Gib mir, o Gott, den Sternenring." Das tat er und alsbald funkelte ein Ring vor ihm im Gras und in dem Ring war ein Stern.

18

Setz dich wieder zu mir". Nun müssen wir warten, bis der Mond aufgeht. Sobald du ihn siehst, nimm das Kraut in deine Hand und sprich die Worte: Gib mir, o Gott, den Mondenring." Da tat er und alsbald schimmerte ein Ring vor ihm im Gras und in dem Ring war ein Mond.

„Setz dich wieder zu mir. Nun müssen wir warten, bis die Sonne aufgeht. Sowie du den ersten Sonnenstrahl siehst, schau durch mein Haar und sprich dreimal: o Gott, verwandle dieses Haar in den Sonnenring." So saßen die beiden die ganze Nacht, schwiegen und warteten. Endlich ging die Sonne auf. Der Königssohn tat alles, was die Alte ihm geraten hatte und alsbald strahlte ein Ring vor ihm im Gras und in dem Ring war eine Sonne. Als der Königssohn nun die drei Ringe erlangt hatte, fragte er: „Womit kann ich dir, Mütterchen, nun danken? „Mit nichts anderem, als dass du, solange ich lebe, für meine Seele betest, denn ich werde in wenigen Tagen sterben." Da bedankte sich der Königssohn, küsste ihre Hand und nahm Abschied. Dann zog er mit den drei Ringen zu der Königstochter und nun wurde sie seine Braut. Sie feierten Hochzeit und sie lebten glücklich miteinander. Denn der Sternenring, der Mondenring und der Sonnenring waren bei ihnen.

Märchen aus Serbien, aus: Balkanmärchen, Diederichs Verlag, 1925

2. Bewahrt werden

Die Auffindung des Mose, im Schilf, 1922, Church of St James, Pyle,
Bridgend, Wales

DIE GEBURT DES MOSE UND SEINE ERRETTUNG

Ein Mann aus einer levitischen Familie ging hin und nahm
eine Frau aus dem gleichen Stamm.
Sie wurde schwanger und gebar einen Sohn. Weil sie sah,
dass es ein schönes Kind war, verbarg sie es drei Monate
lang. Als sie es nicht mehr verborgen halten konnte, nahm
sie ein Binsenkästchen, dichtete es mit Pech und Teer ab,
legte den Knaben hinein und setzte ihn am Nilufer im Schilf
aus. Seine Schwester blieb in der Nähe stehen, um zu sehen,
was mit ihm geschehen würde.

Die Tochter des Pharao kam herab, um im Nil zu baden.
Ihre Dienerinnen gingen unterdessen am Nilufer auf und ab.
Auf einmal sah sie im Schilf das Kästchen und ließ es durch
ihre Magd holen. Als sie es öffnete und hineinsah, lag ein
weinendes Kind darin. Sie bekam Mitleid mit ihm und sie
sagte: Das ist ein Hebräerkind. Da sagte seine Schwester zur
Tochter des Pharao: Soll ich zu den Hebräerinnen gehen und
dir eine Amme rufen, damit sie dir das Kind stillt? Die
Tochter des Pharao antwortete ihr: Ja, geh! Das Mädchen
ging und rief die Mutter des Knaben herbei. Die Tochter des
Pharao sagte zu ihr: Nimm das Kind mit und still es mir! Ich
werde dich dafür entlohnen. Die Frau nahm das Kind zu sich
und stillte es. Als der Knabe größer geworden war, brachte
sie ihn der Tochter des Pharao. Diese nahm ihn als Sohn an,
nannte ihn Mose und sagte: Ich habe ihn aus dem Wasser
gezogen.

Die Jahre vergingen und Mose wuchs heran. Eines Tages ging er zu seinen Brüdern hinaus und schaute ihnen bei der Fronarbeit zu. Da sah er, wie ein Ägypter einen Hebräer schlug, einen seiner Stammesbrüder. Mose sah sich nach allen Seiten um, und als er sah, dass sonst niemand da war, erschlug er den Ägypter und verscharrte ihn im Sand. Als er am nächsten Tag wieder hinausging, sah er zwei Hebräer miteinander streiten. Er sagte zu dem, der im Unrecht war: Warum schlägst du deinen Stammesgenossen? Der Mann erwiderte: Wer hat dich zum Aufseher und Schiedsrichter über uns bestellt? Meinst du, du könntest mich umbringen, wie du den Ägypter umgebracht hast? Da bekam Mose Angst und sagte: Die Sache ist also bekannt geworden. Der Pharao hörte von diesem Vorfall und wollte Mose töten; Mose aber entkam ihm.

Er wollte in Midian bleiben und setzte sich an einen Brunnen. Der Priester von Midian hatte sieben Töchter. Sie kamen zum Wasserschöpfen und wollten die Tröge füllen, um die Schafe und Ziegen ihres Vaters zu tränken. Doch die Hirten kamen und wollten sie verdrängen. Da stand Mose auf, kam ihnen zu Hilfe und tränkte ihre Schafe und Ziegen. Als sie zu ihrem Vater Reguël zurückkehrten, fragte er: Warum seid ihr heute so schnell wieder da? Sie erzählten: Ein Ägypter hat uns gegen die Hirten verteidigt; er hat uns sogar Wasser geschöpft und das Vieh getränkt. Da fragte Reguël seine Töchter: Wo ist er? Warum habt ihr ihn dort gelassen? Holt ihn und ladet ihn zum Essen ein! Mose entschloss sich, bei dem Mann zu bleiben, und dieser gab seine Tochter Zippora Mose zur Frau. Als sie einen Sohn gebar, nannte er ihn Gerschom und sagte: Gast bin ich in fremdem Land.   2.Mose 2

MARKO DER REICHE

Es war einmal ein Mann, der hieß Marko der Reiche, und
der besaß viele Güter. Söhne hatte er nicht, nur eine
Tochter, aber Geld hatte er so viel, dass er's nicht zu zählen
vermochte. Einst hatte er sich zum Schlafen niedergelegt,
da hörte er im Traum eine Stimme, die zu ihm sprach: »Mach
dich bereit, denn am Abend werden der Herrgott selber
und der heilige Nikolaus zu dir zu Gast kommen.« Er stand
am Morgen auf, bedachte seinen Traum. Auf
fünfundzwanzig Werst legte er mit allerlei Tuch den Weg
aus, auf dem der liebe Gott zu ihm kommen musste. Aber da
näherten sich zwei alte Bettler. Ihre Bastschuhe waren voll
Schmutz, die Kleider waren abgerissen und so schleppten
sie sich über das rote Tuch zum Tor, wo Marko der Reiche
den Herrgott erwartete. Die Bettler traten heran und
grüßten ihn: „Friede sei mit dir! Erlaub uns zu übernachten."
Marko aber ward böse und schalt fürchterlich. „Ich erwarte
den Herrgott, ihr aber ladet hier nur Schmutz ab. Schlaft
hinten in der Gesindestube!" Sie gingen hin, legten sich
nieder und mit ihnen schlief dort auch eine Viehmagd.
Um Mitternacht kommt etwas ans Fenster und fragt: „Gott
der Herr, in nächsten Dorf hat eine Frau einen Knaben
geboren. Mit welchem Glück, Herr, willst du ihn begnaden?"
– „Mit Markos des Reichen Vermögen, antwortete Gott,

„der Knabe wird heranwachsen und den ganzen Reichtum besitzen." Und mit dem heiligen Nikolaus ging er mitten in der Nacht weiter.

Am Morgen erzählte die Viehmagd das alles ihrem Herrn. Da ließ Marko der Reiche zwei Pferde anspannen, fuhr ins nächste Dorf und machte die Frau ausfindig. Sie lebte mit ihrem Mann in großer Armut und Kinder hatten sie viele. Marko sagte zu ihnen: „Verkauft mir diesen neugeborenen Knaben!" Sie wollten aber nicht. Da begann er auf sie einzureden: „Warum wollt ihr ihn nicht verkaufen? Ihr wisst, wie groß mein Reichtum ist und Söhne hab ich nicht. Ich werde ihn speisen und tränken wie ein eigenes Kind, euch aber bleiben noch genug Kinder. Was ihr nur wollt, gebe ich euch." Da waren die Eltern einverstanden und übergaben Marko den Knaben. Es war aber zur Winterszeit, und Marko legte das Kind in seinen Wagen und fuhr davon. Er kam in den Wald und sagte: „Kutscher, trag den Knaben tief in den Wald und wirf ihn in den Schnee!" Der tat das. Aber als er fort war, begann sogleich ein warmer Wind zu wehen, rings um das Kind taute der Schnee, sodass es nicht fror.

Da kamen gerade zwei befreundete Kaufleute des Weges. Sie brachten Marko dem Reichen entliehenes Geld zurück und wollten neue Ware einkaufen, da hörten sie im Wald ein Kind weinen. Sie hielten an, kamen hin und sahen: bei dem

24

Kind ist Gras gewachsen und Blumen blühen, aber ringsum liegt der Schnee knietief. Sie verwunderten sich und sprachen: „Dies ist ein heiliges Kind!" Sie nahmen es zu sich, fuhren weiter, langten bei Marko an und tranken mit ihm Tee. Dazwischen aber ging bald der eine, bald der andere Kaufmann hinaus, um nach dem Knaben zu sehen. Marko der Reiche fing an sie auszufragen: »Warum geht ihr so oft hinaus auf den Hof, Freunde?" Sie wollten zuerst nicht mit der Sprache heraus, zuletzt aber erzählten sie ihm: „Mitten im Wald haben wir einen Knaben gefunden; es lag knietiefer Schnee, aber um ihn herum wuchs Gras und blühten Blumen. Wir nahmen ihn mit, er liegt auf dem Wagen." Marko der Reiche erriet, wer das Kind war und bat: „Ihr Herren Kaufleute, überlasst ihn mir! Ich habe keine Söhne und brauche den Knaben." Sie wollten ihn aber nicht hergeben. Da sagte er zu ihnen: „Wenn ihr ihn mir nicht überlasst, nehme ich euer Geld fort und lad euch keine Waren auf; gebt ihr ihn aber her, so schenk ich euch die ganze Schuld und belade euren Wagen reich mit Waren." Da überließen sie ihm den Knaben. - Marko nahm ihn zu sich und zog ihn auf, hatte aber Böses mit im Sinn und dachte stets, wie er ihn verderben könnte. Als der Knabe herangewachsen war, sprach er zu ihm: „Geh hinter dreimal neun Länder in das dreimal zehnte Reich. Dort wohnt der heidnische Drache. Geh hin und frag ihn, wieviel Geld ich habe!" Der Drache aber fraß jeden, der zu ihm kam und am liebsten trank er Christenblut. .

25

War es lange, war es bald, war es weit, war es nah, da kam
der Junge an das Meer; auf dem Meer aber war ein
Fährmann, der setzte die Leute ohne Lohn über, den bat er:
„Lieber Fährmann, setz mich über auf die andere Seite zum
heidnischen Drachen." – Einen solche Fahrgast such ich
schon lange!. Ich fahre schon dreißig Jahre ohne Lohn über
das Meer, hab schon kein Fleisch mehr an den Händen,
nichts als Knochen sind sie. Frag den heidnischen Drachen
doch, wer mich ablösen wird." – „Schon gut, ich werde ihn
fragen." Er fuhr über, ging weiter und kam zu einer Säule,
da waren Goldmünzen aufgeschichtet, die reichten bis zum
Himmel. Das Gold aber sprach mit menschlicher Stimme:
„Wohin führt dich Gott, guter Gesell?" – „Zum heidnischen
Drachen." – „Frage doch den Drachen auch, wem ich
gehören soll." – „Das will ich tun." –

Er ging weiter und weiter und kam endlich zum Hause des
heidnischen Drachen. Der war aber gerade nicht daheim,
sondern in die weite Welt hinausgeflogen, um Menschen
lebendig zu verschlingen; er lebte allein mit seiner Mutter.
Als der Junge in das Zimmer trat, sprach er ein Gebet und
grüßte dann die Alte. Als die ihn erblickte, rief sie: „Was ist
denn das? Wie steht's denn, guter Gesell, fliehst du ein
Abenteuer oder suchst du ein Abenteuer?" – „Ich fliehe
kein Abenteuer, Großmütterchen, ich soll zum heidnischen
Drachen." – „Was willst du von ihm?" – „Marko der Reiche
hat mich zu ihm gesandt, ihn zu fragen, wieviel Geld er

besitze." Die Mutter des Drachen antwortete: „Ach, mein Freund, er wird dich fressen! Dazu hat Marko der Reiche dich auch her gesandt." Der Junge fiel auf die Knie und bat: „Liebes Großmütterchen, lass mich nicht eines bitteren Todes sterben! Ich bin wider Willen hierher gesandt!" – „Nun, mein Freund, ich will dich nicht ins Unglück stoßen: ich selber werde ihn fragen." – „Dann frag ihn, bitte, auch nach diesem: ich fuhr über das Meer, und der Fährmann setzt schon dreißig Jahre über; wer wird ihn ablösen? Und dann, Großmütterchen, frag noch nach diesem: ich ging über Weg und Steg, da stand eine Säule von Gold und reichte von der Erde bis zum Himmel. Wem wird sie gehören?" – „Schon recht", sagte die Alte, „nur weiß ich nicht, wo ich dich verstecken soll, damit er dich nicht findet." Schließlich legte sie ihn unter das Federbett.

Der Drache kam und schnüffelte überall herum. Er war hungrig hergeflogen, hatte niemand verschlungen; und er fragte: „Mütterchen, irgendjemand ist bei dir: es riecht nach Russenfleisch." – »Du bist über die weite Welt geflogen, hast dich mit Russengeruch dort vollgesogen! Willst du Tee trinken, mein Söhnchen?" – „Gut, Mütterchen!". Sie gab ihm aber Tropfen, die trunken machten, und die taten ihre Schuldigkeit. Er wurde ganz berauscht und fragte: „Mütterchen, hast du nicht noch mehr?" Sie gab ihm noch ein Gläschen, und da packte es ihn ordentlich. Dann fing die Mutter an, ihn auszuforschen: „Hör, Söhnchen, was ich dich fragen will. Dort über jenes Meer setzt ein Fährmann schon dreißig Jahre über, wer wird ihn ablösen?" – „Warum musst du das wissen, Mütterchen?" – „Ach, nur so, ich möcht es gern erfahren." – „Marko der Reiche wird ihn ablösen." – „Dann sag mir noch, Söhnchen: wieviel Geld hat Marko der Reiche?" – „Selbst ich vermag es nicht zusammenzuzählen. Er kann mit dem Gelde von seinem Hause auf fünfundzwanzig Werst weit in alle vier Himmelsrichtungen die Erde bedecken." – „Dann sag mir aber noch, Söhnchen: auf dem und dem Wege steht eine Säule von Goldmünzen und reicht von der Erde bis zum Himmel. Wem wird dieser Schatz zuteilwerden?" Der Drache lächelte und sagte: „Nun, Mütterchen, dieses Geld wird schon jemand erhalten ... Marko der Reiche hat ein Pflegekind, dem wird der Schatz zuteilwerden." So sprach er und flog wieder davon, Gott weiß wohin. Die Alte deckte das Federbett auf und ließ den Knaben aufstehen. „Hast du gehört, was der Drache gesagt hat?" - Ja, Großmütterchen, ich hab es gehört." – „Nun, so geh nach Hause!" -

Er ging heimwärts und kam zu jener Säule. Die fragte ihn: "Wem werde ich gehören?" – „Dem Pflegesohn von Marko dem Reichen!" Da machte die Säule trrr! und fiel in einen Haufen zusammen. „Jetzt bin ich dein Eigentum geworden", sagte sie. Er nahm den Schatz aber nicht mit, wühlte nur mit den Armen in ihm herum und ließ ihn liegen bis zu gelegener

Zeit. Dann ging er weiter und kam zum Meer. Der Fährmann war da und fragte: „Hast du vom Drachen erfahren, guter Gesell, wer mich ablösen wird?" – „Ja, es ist Marko der Reiche."

Zuletzt kam er zu Marko dem Reichen zurück. Der ärgerte sich, dass er gesund daherkam und fragte: „Hast du den heidnischen Drachen gefragt, wieviel Geld ich besitze?" – „Ja, ich fragte ihn. In alle vier Richtungen könntet Ihr fünfundzwanzig Werst die Erde mit Gelde bedecken." – „Nun, das ist schon wahr." - Die nächste Nacht schliefen sie noch daheim, dann machten sie sich aber auf in ein anderes Land, Ware zu erhandeln. Sie kauften, was sie brauchten. Marko schickte den Pflegesohn mit ihnen heim und gab ihm auch einen Brief an Frau und Tochter mit. Als der Junge anhielt, um Mittag zu essen, hütete dort ein Greis seine Herde und rief ihm zu: „Komm her zu mir, guter Gesell und nimm heraus, was du dort auf der Brust trägst!" – „Väterchen hat in die Heimat einen Brief geschrieben." – „Gib ihn mir zu lesen!" – „Aber wer wird ihn wieder zusiegeln?" – „Ich werde ihn schon versiegeln." Der Alte nahm den Brief, zerriss ihn in kleine Stücke und schrieb einen neuen, wickelte ihn in das Tuch und gab ihn dem Jungen. „Geh mit Gott!"
In der Heimat lud der Junge die Waren aus und zog den Brief hervor: „Hier, Mütterchen, der Vater hat Euch einen Brief geschickt." Da stand mit Markos des Reichen Hand

geschrieben, dass man, ohne ihn abzuwarten, den Pflegesohn mit der Tochter trauen solle. Die Tochter las den Brief auch und sagte: „Wenn Väterchen das befohlen hat, so soll es geschehen." Gleich ging es zur Hochzeit; da brauchte nicht Bier gebraut, noch Schnaps gebrannt zu werden, alles war schon bereit. Man führte das Paar in die Kirche, traute es und brachte es ins Brautbett.

Gerade zu der Zeit langte Marko der Reiche an. „Frau, wo ist der Pflegesohn?" – „Wir haben die beiden eben zum Schlafen in die Vorratskammer gebracht!"[1] – „Was soll das heißen?" – „Wie du geschrieben hast, habe ich ihn mit unserer Tochter verheiratet." Sie zog den Brief hervor und gab ihn Marko. Er schaute hin: es war seine Handschrift. Aber in dem ersten Brief, den der alte Hirte zerrissen hatte, war geschrieben gewesen, man solle den Pflegesohn nächtlicherweile in die Talgfabrik schicken und alle Kessel dort glühend heizen lassen, sodass er sicher umkäme. Aber der heilige Nikolaus als Hirte hatte es anders gefügt. Darauf holte man das junge Paar vom Lager und fing an zu schmausen. Und der Junge sagte zum Schwiegervater: „Väterchen, du nennst viel Geld dein eigen, mir aber hat Gott noch mehr gegeben!" Marko der Reiche war habgierig. „Wo ist es denn?" fragte er. Sie spannten drei Paar Pferde

---

[1] Ein heute noch vielerorts üblicher Hochzeitsbrauch, der die Fruchtbarkeit der Ehe gewährleisten soll.

an, fuhren davon und kamen an das Meer, wo der Fährmann sie übersetzte. Sie schütteten den Schatz ein und fuhren zurück zur Fähre. Sie setzten über und der Schwiegersohn lud das Geld aus. Der Fährmann aber gab Marko die Stange, so musste er dort bleiben, ihn ablösen und nun dort die Leute übersetzen. Sein ganzer Reichtum aber wurde seinem Schwiegersohn zuteil, der lebte lange in Frieden, mehrte Glück und Freude und wehrte dem Leide.

Russische Volksmärchen, August von Löwis of Menar, Jena 1914
Erzählfassung: Heidi Christa Heim

3. Tiere wissen mehr

Ivan Bilibin

BILEAM UND SEIN ESEL

Die Israeliten brachen auf und schlugen ihr Lager in den Steppen von Moab auf, jenseits des Jordan bei Jericho. Balak, der König von Moab, hatte gesehen, was Israel den Amoritern alles angetan hatte. Er schickte Boten zu Bileam, dem Sohn Beors, um ihn rufen zu lassen. Er ließ ihm sagen: Aus Ägypten ist ein Volk herangezogen, das das ganze Land bedeckt und nun mir gegenüber sich niedergelassen hat. Darum komm her und verfluch mir dieses Volk; denn es ist zu mächtig für mich. Vielleicht kann ich es dann schlagen und aus dem Land vertreiben. Ich weiß: Wen du segnest, der ist gesegnet; wen du verfluchst, der ist verflucht. Die Ältesten von Moab und Midian machten sich auf den Weg, mit Wahrsagerlohn in den Händen. Als sie zu Bileam kamen, wiederholten sie ihm die Worte Balaks. Bileam sagte zu ihnen: Bleibt über Nacht hier, dann werde ich euch berichten, was der Herr zu mir sagt.

Gott kam zu Bileam und sagte: Geh nicht mit! Verfluch das Volk nicht; denn es ist gesegnet. Am Morgen stand Bileam auf und sagte zu den Hofleuten Balaks: Kehrt in euer Land zurück; denn der Herr erlaubt mir nicht, mit euch zu gehen. Da machten sich die Hofleute aus Moab auf den Weg und kehrten zu Balak zurück. Sie berichteten es ihm. Balak schickte noch einmal Hofleute aus, mehr und vornehmere als das erste Mal. Sie kamen zu Bileam und sagten zu ihm: So sagt Balak, der Sohn Zippors: Lass dich nicht abhalten, zu mir zu kommen. Ich will dir einen sehr hohen Lohn geben; alles, was du von mir verlangst, will ich tun. Nur komm und verwünsch mir dieses Volk! Bileam antwortete den Dienern Balaks: Auch wenn mir Balak sein Haus voll Silber und Gold gäbe, könnte ich dem Befehl des Herrn, meines Gottes, nicht zuwiderhandeln, sei es in einer unwichtigen oder einer wichtigen Sache. Doch bleibt auch ihr jetzt über Nacht hier, bis ich weiß, was der Herr weiter zu mir sagt.

In der Nacht kam Gott zu Bileam und sprach zu ihm: Wenn die Männer gekommen sind, um dich zu holen, dann mach dich auf den Weg und geh mit! Aber du darfst nur das tun, was ich dir sage. Am Morgen stand Bileam auf, sattelte seinen Esel und ging mit den Hofleuten aus Moab. Aber Gott wurde zornig, weil Bileam mitging, und der Engel des Herrn trat Bileam in feindlicher Absicht in den Weg, als Bileam, begleitet von zwei jungen Männern, auf seinem Esel dahinritt. Der Esel sah den Engel des Herrn auf dem Weg stehen, mit dem gezückten Schwert in der Hand, und er verließ den Weg und wich ins Feld aus. Da schlug ihn Bileam, um ihn auf den Weg zurückzubringen. Darauf stellte sich der Engel des Herrn auf den engen Weg zwischen den Weinbergen, der zu beiden

Seiten Mauern hatte. Als der Esel den Engel des Herrn sah, drückte er sich an der Mauer entlang und drückte dabei das Bein Bileams gegen die Mauer. Da schlug ihn Bileam wieder. Der Engel des Herrn ging weiter und stellte sich an eine besonders enge Stelle, wo es weder rechts noch links eine Möglichkeit gab auszuweichen. Als der Esel den Engel des Herrn sah, ging er unter Bileam in die Knie. Bileam aber wurde wütend und schlug den Esel mit dem Stock. Da öffnete der Herr dem Esel den Mund und der Esel sagte zu Bileam: Was habe ich dir getan, dass du mich jetzt schon zum dritten Mal schlägst? Bileam erwiderte dem Esel: Weil du mich zum Narren hältst. Hätte ich ein Schwert dabei, dann hätte ich dich schon umgebracht. Der Esel antwortete Bileam: Bin ich nicht dein Esel, auf dem du seit eh und je bis heute geritten bist? War es etwa je meine Gewohnheit, mich so gegen dich zu benehmen? Da musste Bileam zugeben: Nein. Nun öffnete der Herr dem Bileam die Augen und er sah den Engel des Herrn auf dem Weg stehen, mit dem gezückten Schwert in der Hand. Da verneigte sich Bileam und warf sich auf sein Gesicht nieder. Der Engel des Herrn sagte zu ihm: Warum hast du deinen Esel dreimal geschlagen? Ich bin dir feindlich in den Weg getreten, weil mir der Weg, den du gehst, zu abschüssig ist. Der Esel hat mich gesehen und ist mir schon dreimal ausgewichen. Wäre er mir nicht ausgewichen, dann hätte ich dich vielleicht jetzt schon umgebracht, ihn aber am Leben gelassen. Bileam antwortete dem Engel des Herrn: Ich habe gesündigt, aber nur, weil ich nicht wusste, dass du mir im Weg standest. Jetzt aber will ich umkehren, wenn dir mein Vorhaben nicht recht ist. Der Engel des Herrn antwortete Bileam: Geh mit den Männern, aber rede nichts, außer was ich dir sage. Da ging Bileam mit den Hofleuten Balaks.

Balak schlachtete Rinder und Schafe und ließ damit Bileam und die Hofleute, die dabei waren, bewirten. Am nächsten Morgen nahm Balak Bileam mit sich und führte ihn zu den Baalshöhen hinauf. Von dort konnte er bis zum Volk sehen. …

Bileam aber sah, dass es dem Herrn recht war, wenn er Israel segnete. Er suchte nicht geheimnisvolle Zeichen, wie er sonst zu tun pflegte, sondern wandte sein Gesicht der Wüste zu.
Als Bileam aufblickte, sah er Israel im Lager, nach Stämmen geordnet. Da kam der Geist Gottes über ihn, er begann mit seinem Orakelspruch und sagte:

Jakob, wie schön sind deine Zelte, wie schön deine Wohnstätten, Israel! Wie Bachtäler ziehen sie sich hin, wie Gärten am Strom, wie Eichen, vom Herrn gepflanzt, wie Zedern am Wasser. Von seinen Schöpfeimern rinnt das Wasser, reichlich Wasser hat seine Saat. Sein König ist Agag überlegen, seine Königsherrschaft erstarkt. Ja, Gott hat ihn aus Ägypten geführt. Er hat Hörner wie ein Wildstier. Er frisst die Völker, die ihm Feind sind, er zermalmt ihre Knochen und zerbricht ihre Pfeile. Er duckt sich, liegt da wie ein Löwe, wie ein Raubtier. Wer wagt es, ihn aufzujagen? Wer dich segnet, ist gesegnet, und wer dich verflucht, ist verflucht.

Da wurde Balak zornig auf Bileam. Er schlug die Hände zusammen und sagte zu Bileam: Ich habe dich gerufen, damit du meine Feinde verwünschst, du aber hast sie … gesegnet. Geh weg, dorthin, woher du gekommen bist! Da brach Bileam auf und kehrte in seine Heimat zurück und auch Balak zog seines Weges.

Aus 4. Mose 22 und 24

DIE VIER FEDERN

Es war einmal ein reicher Bauer, der hatte drei Söhne. Als sie herangewachsen waren, wurde der Vater krank und als er merkte, dass er nicht mit dem Leben davonkommen könnte, rief er die drei Söhne zu sich. Er sprach, der Älteste sollte den Bauernhof kriegen, der zweite die Mühle und der Jüngste sollte des Vaters Pferd erben. Danach segnete er seine Söhne und starb.

Der Älteste nahm den Bauernhof. Aber so groß der Bauernhof war, es war kein Platz für den Jüngsten auf dem Bauernhof. Der zweite Sohn nahm die Mühle. Aber so groß die Mühle war, es war kein Platz für den Jüngsten in der Mühle. Da nahm der Jüngste des Vaters Pferd und zog in die weite Welt.

Er ritt kurze Wege und er ritt lange Wege und als es Abend war, sah er eine grüne Feder auf dem Weg liegen, die schimmerte in der Abendsonne. Er wollte sie nehmen und an seinen Hut stecken, da fing das Pferd zu sprechen an: „Wenn ich dir einen Rat geben darf, nimm diese Feder nicht vom Grunde." Der Jüngste zögerte, gehorchte aber dann dem Pferd und ritt weiter. Er kam zu einem Bauernhof und die Leute erlaubten ihm, mit seinem Pferd im Stall zu schlafen.

Am nächsten Morgen zog er weiter. Er ritt lange Wege und er ritt kurze Wege. Als es Abend wurde, sah er eine Feder am Wege liegen, die war rot und leuchtete in der Abendsonne. Er wollte sie eben aufheben, da sprach das Pferd: „Wenn ich dir einen Rat geben darf, nimm diese Feder nicht vom Grunde." Er gehorchte auch diesmal und ritt weiter. Er kam zur Burg eines Grafen und die Leute erlaubten ihm, mit seinem Pferd im Stall zu schlafen.

Am dritten Tag zog er weiter und er ritt lange Wege und er ritt kurze Wege. Als es Abend wurde, sah er eine silberne Feder am Wege liegen, die glänzte und funkelte in der Abendsonne. Der Jüngste stieg vom Pferd und wollte sie aufheben, da sprach das Pferd zum dritten Male: „Wenn ich dir einen Rat geben darf, nimm diese Feder nicht vom Grunde." Der Jüngste schaute die Feder an, er schaute das Pferd an und er schaute wieder auf die Feder. Endlich sprach er: „Nein, diese Feder will ich haben", hob sie auf und steckte sie an seinen Hut. Nicht lange danach kam er in eine Königsstadt. Dort war eben der König gestorben und als die Leute die silberne Feder am Hut des Jüngsten sahen, erhoben sie ihn zum König. Der alte König hatte eine schöne Tochter und mit der hielt der Jüngste Hochzeit.

Als nun eine Zeit vergangen war, dachte der junge König an das Pferd und fragte es: „Sage mir doch, warum durfte ich damals die grüne Feder nicht aufheben?" Da sprach das Pferd: „Hättest du sie aufgehoben, so wärst du ein Bauer geworden und hättest die Tochter eines Bauern geheiratet." – „Und warum sollte ich die rote Feder nicht aufheben?" – „Wenn du die aufgehoben hättest, so wärst du ein Graf geworden und hättest die Tochter eins Grafen geheiratet." – „So ist das also", sprach der junge König. „Aber nun sage mir: Warum sollte ich die silberne Feder nicht aufheben? Siehe, ich bin König geworden und habe die Tochter des Königs geheiratet!" – „Ja," sagte das Pferd, „aber wenn du noch *einen* Tag gewartet hättest, so wäre eine golden Feder am Wege gelegen. Wenn du die aufgehoben hättest, so hättest du die Tochter eines Kaisers geheiratet und wärst Kaiser geworden, Kaiser über das ganze Reich!"

Märchen aus den Niederlanden, Aus: Heidi Heim, Wenn die Füchsin in den Weg tritt, Christl. Verlagsanstalt 1991

4. Endlich erhört werden

Ivan Bilibin

Hanna

Einst lebte ein Mann aus Ramatajim. Er hieß Elkana. Er hatte zwei Frauen. Die eine hieß Hanna, die andere Peninna. Peninna hatte Kinder, Hanna aber hatte keine Kinder. Dieser Mann zog Jahr für Jahr von seiner Stadt nach Schilo hinauf, um den Herrn der Heere anzubeten und ihm zu opfern. Dort waren Hofni und Pinhas, die beiden Söhne Elis, Priester des Herrn. An dem Tag, an dem Elkana das Opfer darbrachte, gab er seiner Frau Peninna und all ihren Söhnen und Töchtern ihre Anteile. Hanna aber gab er einen doppelten Anteil; denn er hatte Hanna lieb, obwohl der Herr ihren Schoß verschlossen hatte. Ihre Rivalin aber kränkte und demütigte sie sehr, weil der Herr ihren Schoß verschlossen hatte. So machte es Elkana Jahr für Jahr. Sooft sie zum Haus des Herrn hinaufzogen, kränkte Peninna sie; und Hanna weinte und aß nichts.

Ihr Mann Elkana fragte sie: Hanna, warum weinst du, warum isst du nichts, warum ist dein Herz betrübt? Bin ich dir nicht viel mehr wert als zehn Söhne? Nachdem man in Schilo gegessen und getrunken hatte, stand Hanna auf und trat vor den Herrn. Der Priester Eli saß an den Türpfosten des Tempels des Herrn auf seinem Stuhl. Hanna war verzweifelt, betete zum Herrn und weinte sehr. Sie machte ein Gelübde und sagte: Herr der Heere, wenn du das Elend deiner Magd wirklich ansiehst, wenn du an mich denkst und deine Magd nicht vergisst und deiner Magd einen männlichen Nachkommen schenkst, dann will ich ihn für sein ganzes Leben dem Herrn überlassen; kein Schermesser soll an sein Haupt kommen. So betete sie lange vor dem Herrn. Eli beobachtete ihren Mund; denn Hanna redete nur still vor sich hin, ihre Lippen bewegten sich, doch ihre Stimme war nicht zu hören. Eli hielt sie deshalb für betrunken und sagte zu ihr: Wie lange willst du dich noch wie eine Betrunkene aufführen? Sieh zu, dass du deinen Weinrausch los wirst! Hanna gab zur Antwort: Nein, Herr! Ich bin eine unglückliche Frau. Ich habe weder Wein getrunken noch Bier; ich habe nur dem Herrn mein Herz ausgeschüttet. Halte deine Magd nicht für eine nichtsnutzige Frau; denn nur aus großem Kummer und aus Traurigkeit habe ich so lange geredet. Eli erwiderte und sagte: Geh in Frieden! Der Gott Israels wird dir die Bitte erfüllen, die du an ihn gerichtet hast. Sie sagte: Möge deine Magd Gnade finden vor deinen Augen.

Dann ging sie weg; sie aß wieder und hatte kein trauriges Gesicht mehr. Am nächsten Morgen standen sie früh auf und beteten den Herrn an. Dann machten sie sich auf den Heimweg und kehrten in ihr Haus nach Rama zurück. Elkana erkannte seine Frau Hanna; der Herr dachte an sie, und Hanna wurde schwanger. Als die Zeit abgelaufen war, gebar sie einen Sohn und nannte ihn Samuel[2], denn (sie sagte): Ich habe ihn vom Herrn erbeten.

1. Samuel 1/1-20

---

[2] Der Name Samu-el setzt sich zusammen aus den Wortwurzeln *hören* und *Gott*: also: Gott hört - oder: von Gott erhört.

KÖNIG LINDWURM

Es war einmal ein König, der heiratete eine wunderschöne
Königin. Als sie Hochzeit hielten und in der ersten Nacht
zu Bette gingen, war nichts auf ihrem Bett geschrieben;
aber als sie aufstanden, war darauf zu lesen, dass sie keine
Kinder haben würden. Darüber war der König sehr traurig,
aber die Königin noch viel mehr. Eines Tages ging sie in
tiefen Gedanken spazieren. Da begegnete ihr eine alte
Frau, die fragte, warum die Königin denn gar so traurig sei.
Die Königin schaute auf und sagte: „Ach, du kannst mir
doch nicht helfen." – „Vielleicht doch", sagte die Alte. Da
erzählte ihr die Königin, dass sie keine Kinder haben sollten,
und darüber sei sie so sehr traurig. „Vielleicht doch! Die
Frau Königin solle am Abend bei Sonnenuntergang eine
Schüssel nehmen und sie umgestürzt in der Nordwestecke
des Gartens aufstellen. Am Morgen würden zwei Rosen
darunter stehen, eine rote und eine weiße. Nimmst du nun
die rote und isst sie, so wird es ein Knabe, nimmst du die
weiße, so wird es ein Mädchen. Aber beide zusammen darfst
du nicht essen."
Die Königin ging heim und tat alles, wie die Alte ihr gesagt
hatte und am Morgen standen da die zwei Rosen. Sie aß
zuerst die weiße Rose, die schmeckte so vorzüglich, dass sie
die rote auch noch aß und dachte: "Wenn es Zwillinge gibt,
so geht es in einem."

Nun geschah es, dass zu dieser Zeit der König im Krieg war, und als die Königin merkte, dass sie schwanger war, ließ sie es ihn wissen und er war sehr glücklich darüber. Aber als der Tag der Geburt kam, da gebar sie einen Lindwurm, der schlüpfte unter das Bett und hatte da seinen Aufenthalt. Als der Krieg zu Ende war und der König heimkam, kam die Königin heraus, um ihn zu empfangen. Da kam auch der Lindwurm, sprang an dem Wagen in die Höhe und rief: „Willkommen daheim, Vater!" – „Was!" rief der König. „Bin ich dein Vater?" – „Wenn du nicht mein Vater sein willst, so fresse ich dich und das ganze Schloss auf!" Da musste der König ja sagen. Sie gingen ins Schloss, und die Königin musste bekennen, was zwischen ihr und der Alten vorgegangen war.

Einige Tage darauf versammelten sich der ganze Rat und alle Vornehmen, um den König zum Sieg über seine Feinde zu beglückwünschen. Da kam auch der Lindwurm und sagte: „Vater, jetzt will ich heiraten!" – „Ja, was glaubst du denn, wer wird dich wohl nehmen?" sagte der König. – „Wenn du mir nicht eine Frau verschaffst, sei sie jung oder alt, groß oder klein, reich oder arm, dann fresse ich dich und das ganze Schloss auf." Da schrieb der König an alle Königreiche, ob jemand wolle seinen Sohn heiraten. Da kam auch eine wunderschöne Prinzessin. Aber es kam ihr sonderbar vor, dass sie ihren Verlobten nicht eher sehen durfte, als bis sie in dem Saal stand, wo sie getraut werden sollten. Da erst kam stellte sich ein Lindwurm neben sie. Am

46

Abend wurden sie miteinander in die Brautkammer geführt. Aber kaum waren sie darin, so brachte er sie um.

Es verging eine Weile, und dann kam der Geburtstag des Königs. Als wieder alle bei Tisch saßen, kam der Lindwurm und sagte: „Vater, ich will heiraten!" – „Was für eine Frau wird dich wohl nehmen wollen?" – „Wenn du mir nicht eine Frau verschaffst, so fresse ich dich und das ganze Schloss auf!" Der König schrieb wieder an alle Königreiche, ob jemand seinen Sohn heiraten wolle. Da kam wieder eine wunderschöne Prinzessin von weit her. Sie bekam ihren Bräutigam auch nicht zu sehen, bis sie in dem Saal stand, wo sie getraut werden sollten. Da kam der Lindwurm und stellte sich neben sie. Und als sie abends in die Kammer kamen, brachte er sie um.

Nach einiger Zeit war der Geburtstag der Königin. Da kam der Lindwurm und sagte wieder: „Vater, ich will heiraten!" – „Nein, nun kann ich dir keine Frau mehr verschaffen! Schon zwei mächtige Könige wollen Krieg gegen mich führen, weil du ihre Töchter umgebracht hast." – „Solange du mich hast, hat es keine Sorge! Aber verschaffe mir eine Frau!" Nun hatte der König einen alten Schäfer, der hatte eine schöne Tochter, den fragte er: „Höre, lieber Mann, willst du deine Tochter nicht meinem Sohn zur Frau geben?" – „Nein, ich habe nur das eine Kind, um in meinem Alter für mich zu sorgen. Und hat der Prinz zwei Prinzessinnen nicht verschont, so wird er auch meine Tochter nicht verschonen,

und das wäre eine Sünde!" Aber der König wollte sie
haben und der Alte musste sich darein fügen.

Der Schäfer erzählte das alles seiner Tochter. Sie wurde
sehr traurig und ging in tiefen Gedanken in den Wald. Da
begegnete sie einer alten Frau, die fragte: „Warum bist du
so traurig?" – „Es hat keinen Wert, wenn ich es dir sage, du
kannst mir doch nicht helfen." – „Vielleicht doch", sagte die
Alte. „Ich soll den Königssohn heiraten, der ist aber ein
Lindwurm und hat schon zwei Prinzessinnen umgebracht und
wird auch mich nicht verschonen!" – „Wenn du auf mich
hören willst, könnte dir geholfen werden", sagte die Alte.
„Wenn ihr am Abend in die Brautkammer geht, so musst du
zehn Hemden anhaben. Dann musst du einen Kübel voll
Lauge, einen Kübel voll süßer Milch und eine Arm voll
Ruten verlangen. Und das soll in die Kammer gebracht
werden. Wenn er nun hereinkommt, wird er sagen: Schön
Jungfrau, zieh dein Hemd aus! Dann musst du sagen:
König Lindwurm, zieh deine Haut aus! Und das werdet ihr
zueinander sagen, bis du neun Hemden ausgezogen hast
und er neun Häute. Dann hat er keine Haut mehr, aber du
hast noch ein Hemd an. Dann musst du ihn nehmen und die
Ruten in die Lauge tauchen und ihn so lange damit
schlagen, bis er fast in Stücke fällt. Dann musst du ihn in
der süßen Milch baden und in die neun Hemden wickeln und
in den Arm nehmen. Das Mädchen dankte für den guten
Rat; aber Angst hatte sie trotzdem, denn es war doch ein
arges Unterfangen mit einem so unheimlichen Tier.

Der Hochzeitstag war da und das Mädchen wurde mit kostbarem Brautstaat geschmückt. Im Schloss kam der Lindwurm, stellte sich neben sie und sie wurden getraut. Am Abend verlangte die Braut einen Kübel voll Lauge und einen Kübel voll süßer Milch und die Ruten und sie bekam alles. Bevor sie die Kammer betrat, zog sie neun Hemden über das eine an, das sie schon anhatte. In die Kammer sagte der Lindwurm: „Schöne Jungfrau, zieh dein Hemd aus!" – „König Lindwurm, zieht eure Haut aus!" Und so ging es weiter, bis sie neun Hemden ausgezogen hatte und er neun Häute. Er lag am Boden, konnte sich kaum rühren und das Blut lief an ihm herunter. Da nahm sie die Ruten und tauchte sie in die Lauge und schlug ihn damit, so stark sie konnte. Dann tauchte sie ihn in die süße Milch, wickelte ihn in die neun Hemden, ging ins Bett, legte ihn in ihren Arm und schlief ein. Und als sie wieder erwachte, lag sie im Arm eines schönen Königssohnes.

Der Morgen kam. Niemand traute sich, zur Tür der Kammer hineinzusehen, denn sie alle dachten, der Lindwurm hätte sie auch umgebracht. Endlich öffnete der alte König die Tür, da rief sie: „Kommt nur herein. Es steht alles gut!" Er kam und sah zum ersten Mal seinen eigenen Sohn! Da holte er die Königin und alle anderen. Und das war ein so großes Glückwünschen bei einem Brautbett, wie noch niemals eines gewesen ist. Das junge Paar ging in ein anderes Gemach, denn in dieser Kammer sah es gräulich aus. Dann wurde noch einmal mit großer Freude Hochzeit

gehalten und der König und die Königin hatten die junge
Königin sehr gern. Sie wussten gar nicht, was sie ihr alles
zuliebe tun sollten, weil sie ihren Lindwurm erlöst hatte.

Nordische Volksmärchen Teil I, Klara Stroebe, Jena 1915.
Erzählfassung Heidi Christa Heim.

Anmerkung: Das Märchen hat bei Stroebe noch einen zweiten Teil, der
aber auch in anderen Sammlungen sinnvollerweise weggelassen wird.

2. Seine Berufung finden

Ivan Bilibin

DIE BERUFUNG SAMUELS

Der junge Samuel versah (am Tempel von Schilo) den
Dienst des Herrn unter der Aufsicht (des Priesters) Eli.
In jenen Tagen waren Worte des Herrn selten; Visionen
waren nicht häufig. Eines Tages geschah es: Eli schlief
auf seinem Platz; seine Augen waren schwach
geworden und er konnte nicht mehr sehen. Die Lampe
Gottes war noch nicht erloschen und Samuel schlief im
Tempel des Herrn, wo die Lade Gottes stand. Da rief der
Herr den Samuel und Samuel antwortete: Hier bin
ich. Dann lief er zu Eli und sagte: Hier bin ich, du hast
mich gerufen. Eli erwiderte: Ich habe dich nicht
gerufen. Geh wieder schlafen!

Da ging er und legte sich wieder schlafen. Der Herr rief
noch einmal: Samuel! Samuel stand auf und ging zu Eli
und sagte: Hier bin ich, du hast mich gerufen. Eli
erwiderte: Ich habe dich nicht gerufen, mein Sohn. Geh
wieder schlafen! Samuel kannte den Herrn noch nicht
und das Wort des Herrn war ihm noch nicht offenbart
worden. Da rief der Herr den Samuel wieder, zum
dritten Mal. Er stand auf und ging zu Eli und sagte:
Hier bin ich, du hast mich gerufen. Da merkte Eli, dass
der Herr den Knaben gerufen hatte. Eli sagte zu
Samuel: Geh, leg dich schlafen! Wenn er dich (wieder)

ruft, dann antworte: Rede, Herr; denn dein Diener hört. Samuel ging und legte sich an seinem Platz nieder.

Da kam der Herr, trat (zu ihm) heran und rief wie die vorigen Male: Samuel, Samuel! Und Samuel antwortete: Rede, denn dein Diener hört. Der Herr sagte zu Samuel: Fürwahr, ich werde in Israel etwas tun, sodass jedem, der davon hört, beide Ohren gellen. Ich habe Eli angekündigt, dass ich über sein Haus für immer das Urteil gesprochen habe wegen seiner Schuld; denn er wusste, wie seine Söhne Gott lästern, und gebot ihnen nicht Einhalt. Darum habe ich dem Haus Eli geschworen: Die Schuld des Hauses Eli kann durch Opfer und durch Gaben in Ewigkeit nicht gesühnt werden.

Samuel blieb bis zum Morgen liegen, dann öffnete er die Türen zum Haus des Herrn. Er fürchtete sich aber, Eli von der Vision zu berichten. Da rief Eli Samuel und sagte: Samuel, mein Sohn! Er antwortete: Hier bin ich. Eli fragte: Was war es, das er zu dir gesagt hat? Verheimliche mir nichts! Gott möge dir dies und das antun, wenn du mir auch nur eines von all den Worten verheimlichst, die er zu dir gesprochen hat. Da teilte ihm Samuel alle Worte mit und verheimlichte ihm nichts. Darauf sagte Eli: Es ist der Herr. Er tue, was ihm gefällt. Samuel wuchs heran und der Herr war mit ihm und ließ keines von all seinen Worten unerfüllt. Ganz Israel von Dan bis Beerscheba erkannte, dass Samuel als

Prophet des Herrn beglaubigt war. Auch weiterhin erschien der Herr in Schilo: Der Herr offenbarte sich Samuel in Schilo durch sein Wort.

Aus 1. Samuel 3/1-21

STARKER WIND DER UNSICHTBARE

Vor langer, vor sehr langer Zeit lebte einmal am Ufer einer
weiten Bucht ein großer indianischer Krieger. Man erzählt
sich, dass er ein Freund und Helfer des Schöpfergottes
Glooskap war und dass er viele wunderbare Taten für ihn
verrichtete. Dieser Mann nun besaß eine ebenso seltene
wie kostbare Macht: er konnte sich unsichtbar machen und
so ungesehen seine Feinde belauschen. Und darum
nannten ihn die Menschen „Starker Wind, der
Unsichtbare". Er lebte zusammen mit seiner Schwester in
einem Zelt unweit des Meeres. Sie allein konnte ihn sehen
und sie half ihm bei seinen Aufgaben.
Nun hätten viele Mädchen Starker Wind gerne geheiratet
wegen seiner großen Taten. Er aber wollte nur eine
wahrhaftige Frau. Er prüfte sie, er hatte sich eine Probe
ausgedacht. Wenn ein Mädchen die Probe machen wollte,
nahm seine Schwester sie am Abend mit hinunter an den
Strand. Wenn er dann im fahlen Licht der
Abenddämmerung von seiner Arbeit nach Hause kam,
fragte seine Schwester das Mädchen: „Kannst du ihn
sehen?" Und jedes Mädchen sagte die Unwahrheit: „Ja,
ich sehe ihn!" Dann fragte die Schwester weiter: „Womit
zieht er seinen Schlitten?" Und die Mädchen sagten dann:
„Mit dem Fell eines Elchs" oder „mit einer Stange" oder

„mit einem langen Strick". Aber dann wusste die Schwester immer, dass die Mädchen gelogen und nur geraten hatten und schickte sie wieder fort.

Nun lebte damals ein großer Häuptling mit seinen drei Töchtern, deren Mutter schon lange tot war. Die Jüngste war die schönste von allen und da sie immer freundlich war, liebten die Leute sie sehr. Da wurden die beiden älteren Schwestern eifersüchtig und behandelten sie grausam. Sie zogen ihr Lumpen an, sie schnitten ihr langes, schwarzes Haar ab und sie verbrannten ihr Gesicht mit Kohlen vom Feuer, damit sie vernarbt und hässlich aussah. Und dem Vater erzählten sie: „Das hat sie alles selbst getan!" Dennoch blieb die Jüngste freundlich und verrichtete frohen Mutes ihre Arbeit. - Nun versuchten die beiden älteren Mädchen, Starker Wind zum Mann zu bekommen, doch auch sie bestanden die Probe nicht. Da starker Wind wusste, dass sie die Unwahrheit gesagt hatten, blieb er für sie unsichtbar und sie kehrten bestürzt nach Hause zurück. Nun beschloss die Jüngste, Starker Wind zu besuchen. Sie flickte ihr Kleid mit Rindenstückchen der Birke und legte den wenigen Schmuck an, den sie besaß. Ihre Schwestern verspotteten sie und auch die anderen Menschen lachten über ihr zerlumptes Kleid und ihr verbranntes Gesicht. Die Schwester von Starker Wind jedoch empfing sie freundlich und nahm sie in der Dämmerung mit hinunter an den Strand. Seine Schwester fragte: „Kannst du Starker Wind sehen?" – „Nein, ich sehe ihn nicht!" Die Schwester war sehr verwundert, dass dieses Mädchen die Wahrheit sagte und fragte nochmals: „Kannst du ihn jetzt sehen?" – „Ja, und er ist wunderschön!" – „Und womit zieht er seinen Schlitten?" – „Oh, mit einem Regenbogen!" – „Und woraus ist die Sehne seines Bogen?" – „Oh, seine Bogensehne ist die Milchstraße!" – Das sprach die Schwester: „Ja, es ist wahr, du hast ihn gesehen!" Sie nahm das Mädchen mit ins Zelt. Sie badete es und da verschwanden alle Narben von ihrem Gesicht und ihr Haar wuchs wieder lang und schwarz wie die Flügel eines Raben. Sie gab ihr ein schönes Kleid und kostbaren Schmuck und sie setzte sie im Zelt auf den Platz der Ehefrau. Nicht lange danach kam starker Wind heim. Er setzte sich zu ihr und nannte sie seine Braut. Schon am nächsten Tag wurde sie seine Frau und ihr ganzes Leben lang half sie ihm bei seinen großen Aufgaben.

Die beiden älteren Schwestern des Mädchens jedoch wurden sehr zornig darüber. Starker Wind aber, der um ihre Grausamkeit wusste, machte Gebrauch von seiner großen Macht, verwandelte sie in Zitterpappeln und verwurzelte sie tief in der Erde. Seit dieser Zeit zittert das Espenlaub immerzu, es erschauert und denkt mit Furcht an die Ankunft von Starker Wind.

Nach einem Märchen der North-East Woodland Indianer,
Erzählfassung Heidi Christa Heim

3. Die Jüngsten

Gustav Klimt

DAVIDS SALBUNG ZUM KÖNIG

Der Herr sagte zu Samuel: Fülle dein Horn mit Öl und mach dich auf den Weg! Ich schicke dich zu dem Betlehemiter Isai; denn ich habe mir einen von seinen Söhnen als König ausersehen. Samuel erwiderte: Wie kann ich da hingehen? Saul wird es erfahren und mich umbringen. Der Herr sagte: Nimm ein junges Rind mit und sag: Ich bin gekommen, um dem Herrn ein Schlachtopfer darzubringen. Lade Isai zum Opfer ein! Ich selbst werde dich dann erkennen lassen, was du tun sollst: Du sollst mir nur den salben, den ich dir nennen werde. Samuel tat, was der Herr befohlen hatte. Als er nach Betlehem kam, gingen ihm die Ältesten der Stadt zitternd entgegen und fragten: Bedeutet dein Kommen Frieden? Er antwortete: Frieden. Ich bin gekommen, um dem Herrn ein Schlachtopfer darzubringen. Heiligt euch und kommt mit mir zum Opfer! Dann heiligte er Isai und seine Söhne und lud sie zum Opfer ein. Als sie kamen und er den Eliab sah, dachte er: Gewiss steht nun vor dem Herrn sein Gesalbter. Der Herr aber sagte zu Samuel: Sieh nicht auf sein Aussehen und seine stattliche Gestalt, denn ich habe ihn verworfen; Gott sieht nämlich nicht auf das, worauf der Mensch sieht. Der Mensch sieht, was vor den Augen ist, der Herr aber sieht das Herz. Nun rief Isai den Abinadab und ließ ihn vor Samuel treten. Dieser sagte: Auch ihn hat der Herr nicht erwählt. Isai ließ Schima kommen. Samuel sagte:

Auch ihn hat der Herr nicht erwählt. So ließ Isai sieben seiner Söhne vor Samuel treten, aber Samuel sagte zu Isai: Diese hat der Herr nicht erwählt. Und er fragte Isai: Sind das alle deine Söhne? Er antwortete: Der jüngste fehlt noch, aber der hütet gerade die Schafe. Samuel sagte zu Isai: Schick jemand hin und lass ihn holen; wir wollen uns nicht zum Mahl hinsetzen, bevor er hergekommen ist. Isai schickte also jemand hin und ließ ihn kommen. David war blond, hatte schöne Augen und eine schöne Gestalt. Da sagte der Herr: Auf, salbe ihn! Denn er ist es. Samuel nahm das Horn mit dem Öl und salbte David mitten unter seinen Brüdern. Und der Geist des Herrn war über David von diesem Tag an.

Samuel aber brach auf und kehrte nach Rama zurück. Der Geist des Herrn war von Saul gewichen; jetzt quälte ihn ein böser Geist, der vom Herrn kam. Da sagten die Diener Sauls zu ihm: Du siehst, ein böser Geist Gottes quält dich. Darum möge unser Herr seinen Knechten, die vor ihm stehen, befehlen, einen Mann zu suchen, der die Zither zu spielen versteht. Sobald dich der böse Geist Gottes überfällt, soll er auf der Zither spielen; dann wird es dir wieder gut gehen. Saul sagte zu seinen Dienern: Seht euch für mich nach einem Mann um, der gut spielen kann, und bringt ihn her zu mir! Einer der jungen Männer antwortete: Ich kenne einen Sohn des Betlehemiters Isai, der Zither zu spielen versteht. Und er ist tapfer und ein guter Krieger, wortgewandt, von schöner Gestalt, und der Herr ist mit ihm. Da schickte Saul Boten zu Isai und ließ ihm sagen: Schick mir deinen Sohn David, der bei den Schafen ist. Isai nahm einen Esel, dazu Brot, einen Schlauch Wein und ein Ziegenböckchen und schickte seinen Sohn David damit zu Saul. So kam David zu Saul und trat in seinen Dienst; Saul gewann ihn sehr lieb, und David wurde sein Waffenträger. Darum schickte Saul zu Isai und ließ ihm sagen: David soll in meinem Dienst bleiben; denn er hat mein Wohlwollen gefunden. Sooft nun ein Geist Gottes Saul überfiel, nahm David die Zither und spielte darauf. Dann fühlte sich Saul erleichtert, es ging ihm wieder gut und der böse Geist wich von ihm.

1.Samuel 16

DIE HARFE, DIE ÜBER SIEBEN KÖNIGREICHE TÖNTE

Es waren einmal zwei arme Leute, sehr arme Leute, die lebten in einer kleinen, dunklen Hütte, weit hinten auf dem Grasplatz. Sie hatten aber drei Töchter. Als die nun fast herangewachsen waren, starben die Eltern. Sie hinterließen ihnen nichts als eine Kuh, ein Schaf, eine Katze und einen Waschtrog. Da teilten die Töchter so, dass die Älteste die Kuh bekam, die Mittlere das Schaf, die Jüngste aber bekam die Katze und den Waschtrog. Da zog die Jüngste aus, um sich einen Dienst zu suchen. Sie ging lange umher und fragte, doch niemand konnte sie brauchen. Endlich kam sie zum Königshof und fragte den König, ob er nicht eine Magd brauchen könne. Ja, das konnte er und er nahm sie in seinen Dienst.

Sie war so überaus lieblich. Dem Prinzen wollte sie nicht mehr aus dem Sinn und er wollte sie unbedingt zur Frau haben. Aber der alte König sagte nein, denn sie war arm, sie besaß nichts. „Du bekommst ihn niemals, es sei denn, du bringst mir ein goldenes Schaf", sagte er. Sie war untröstlich. „Woher soll ich denn ein goldenes Schaf bekommen?" Sie ging hinunter zum Meer, setzte sich nieder und weinte bitterlich. Aber die Katze tröstete sie: „Sei still, sei still, wir werden schon Rat schaffen." Sie schob den Trog hinaus, sie stiegen ein und segelten übers Meer. Als es Abend war, kamen sie zu einem Ort, wo ein Riese wohnte. „Wo willst du denn noch hin, kleines Mädchen?" fragte der Riese. „Ich will dienen", sagte sie. „Was kannst du denn?" fragte der Riese. „Ich kann das Vieh versorgen", sagte sie. „Das ist ja gut", sagte der Riese, denn gerade so jemanden suchte er. Er führte sie zum Stall und dort standen drei goldene Schafe in einem Koben. „Nun bin ich gerettet", dachte sie und versorgte die Tiere so gut sie nur konnte. Der Riese war schon schwer abendmüde und legte sich nieder. Sie aber saß noch an der Feuerstelle. „Nun sollst du dich auch niederlegen, kleine Magd!" „Wir pflegen noch am Feuer zu sitzen und die Glut zu schüren", sagte sie, nahm den Schürhaken und stocherte damit in den brennenden Holzscheiten. Der Riese aber war gleich eingeschlafen und schnarchte, dass es nur so dröhnte. Da lief sie zum Stall, band ein goldenes Schaf los, führte es zu ihrem Waschtrog am Meer und gemeinsam mit ihrer Katze segelte sie heimwärts, dass es nur so brauste. Als der Riese erwachte, hatte sie den Königshof erreicht und gab dem König das Goldschaf. Und dem Prinzen war so froh zumute, denn er glaubte, dass er sie nun bekommen würde. Allein der König spottete seines eigenen Wortes: „Du bekommst ihn erst, wenn du mir eine Goldbettdecke bringst!"

Sie war sehr bekümmert, ging hinunter zum Meer, setzte sich nieder und weinte. Aber die Katze tröstete sie: „Sei still, sei still! Wir werden schon Rat schaffen!" Sie schob den Trog hinaus, sie stiegen ein und segelten aufs Meer hinaus. Der Trog sputete sich und es war, als ob er den Weg selbst wüsste. Am Abend kamen sie dorthin, wo ein Riese wohnte. „Wo willst du denn noch hin, kleines Mädchen?" fragte der Riese. „Ich will dienen", sagte sie. „Was kannst du denn?" fragte der Riese. „Ich kann Betten machen", sagte sie. „Das ist ja gut", sagte der Riese, denn gerade so jemanden brauchte er. Er dingte sie und führte sie ins Haus und dabei kamen sie an einer Kammer vorbei, in der drei Goldbettdecken hingen. „Nun bin ich gerettet, dachte sie, richtete das Bett für den Riesen so schön, wie sie nur konnte und setzte sich zu ihm ans Feuer. Der Riese war schon schwer abendmüde und sagte: „Nun sollst du dich auch niederlegen, kleine Magd." „Wir pflegen noch am Feuer zu sitzen und die Glut zu schüren", sagte sie, nahm den Schürhaken und stocherte in der Glut. Kaum hatte sie das ausgesprochen, war der Riese schon eingeschlafen und schnarchte so sehr, dass es in der Hütte dröhnte. Sie aber eilte zu dem Kämmerchen, ergriff eine Goldbettdecke, sprang hinunter zum Meer und segelte fort.

Sie erreichte den Königshof als es tagte, ging hinein zum König und zeigte ihm die Goldbettdecke. Aber er spottete wieder seines eigenen Wortes: „Den Prinzen bekommst du niemals, es sei denn, du schaffst eine goldene

Harfe herbei, die über sieben Königreiche tönt. Und kannst du das nicht, verlierst du dein Leben." Der Prinz war außer sich: „Dann nimm auch mein Leben!" sagte er und begehrte sie immer mehr, je mehr er sie nicht haben sollte. So zog er aus und wollte ihr folgen, aber der König sperrte ihn in den Keller. Bringe sie nicht die Harfe, so solle er nie mehr herauf kommen, sagte er.

Ihr war so schlimm zumute. „Woher soll ich eine Harfe bringen, die über sieben Königreiche tönt?" Sie ging hinunter zum Meer, setzte sich nieder und weinte. Aber die Katze, die alte Trösterin, setzte sich dicht neben sie. „Sei still, sei still, wir werden schon Rat schaffen." Sie schoben den Trog wieder hinaus, stiegen hinein und segelten über das Meer. Am Abend kamen sie dahin, wo ein Riese wohnte. „Wo willst du denn noch hin, kleines Mädchen" fragte der Riese. „Ich will dienen", sagte sie. „Was kannst du denn?" fragte der Reise. „Ich kann Türen auf- und zuschließen", sagte sie. „Das ist ja gut", sagte der Riese, denn gerade so jemanden brauchte er. Er reichte ihr einen Schlüsselbund und sie schloss nun eine Tür nach der anderen auf, bis sie die letzte erreichte. Aber da wurde es schwierig, die ging nicht auf, so viel sie auch rüttelte und schüttelte. „Hier muss etwas Kostbares darin sein mit diesem grimmigen Schloss davor." Schließlich ließ sich die Türe doch öffnen und da lag eine Goldharfe auf dem obersten Wandbrett. „Nun bin ich gerettet", dachte sie und war so froh.

Sowie sie Abendbrot gegessen hatten, legte sich der Riese nieder. „Nun sollst du dich auch niederlegen, kleine Magd!" sagte der Riese. „Wir pflegen noch am Feuer zu sitzen und die Glut zu schüren", sagte sie, ergriff den Schürhaken und stocherte in der Glut. Kaum hatte sie es ausgesprochen, da schnarchte er, dass sie glaubte, das Haus stürze zusammen. Sie aber sputete sich und lief nach der Harfe. Aber die lag so hoch auf dem Regal, dass sie die nicht erreichen konnte. „Ich werde hinaufspringen und sie dir hinunter schieben", sagte die Katze. „Aber wenn du an die Saiten rührst, dann erwacht der Riese." „Du darfst nie den Mut verlieren", sagte die Katze, sprang hinauf und schob die Harfe in den Überrock des Mädchens so geschickt nach unten, dass sie nicht tönte. Die Jüngste ließ den Schlüsselbund dort und trug die Harfe ganz vorsichtig zum Meer hinunter. Aber als sie eine Weile gesegelt waren, konnte sie es nicht mehr aushalten, sie wollte hören, wie die Harfe klang. Sie brachte die Saiten zum Klingen und die Harfe machte eine Musik, die war sehr schön und klang über sieben Königreiche. Aber davon erwachte der Riese. „Wer ist es, der meine Harfe gestohlen hat?" brülle er und lief ihr nach. Er watete ins Meer, dass Wellen um ihn standen wie Berge. Und immerfort tönte die Harfe. „Wer ist es, der meine Harfe gestohlen hat?" heulte er und hörte nicht auf zu schreien. Aber er konnte sie nicht erreichen und plötzlich wurde das Wasser so tief, dass er ertrank.

Der König erwachte vom Harfenton. Er konnte nicht verstehen, was das für eine Musik sei, das da so hold und lieblich klang. Er eilte hinter zum Meer und da kam sie angesegelt. Als sie ihm die Goldharfe überreichte, empfing er sie so freundlich, wie er nur konnte. „Ja, nun magst du meinen Sohn haben", sagte er, schloss die Kellertüre auf und holte sogleich den Prinzen herauf. Und dann wurde die Hochzeit mit großer Freude gefeiert und dabei ertönte die Harfe, dass man es über sieben Königreiche hörte.

Märchen aus Norwegen
Erzählfassung Heidi Christa Heim, nach verschiedenen Sammlungen

4. Der hoffnungslos Unterlegene

Ivan Bilibin, Drache

DAVID UND GOLIAT

Die Philister zogen ihre Truppen zum Kampf zusammen. Auch Saul und die Männer Israels sammelten sich im Terebinthental und traten zum Kampf gegen die Philister an. Die Philister standen an dem Berg auf der einen Seite, die Israeliten an dem Berg auf der anderen Seite; zwischen ihnen lag das Tal. Da trat aus dem Lager der Philister ein Vorkämpfer namens Goliat aus Gat hervor. Er war sechs Ellen und eine Spanne groß. Auf seinem Kopf hatte er einen Helm aus Bronze und er trug einen Schuppenpanzer aus Bronze. Er hatte bronzene Schienen an den Beinen und zwischen seinen Schultern hing ein Sichelschwert aus Bronze. Der Schaft seines Speeres war (so dick) wie ein Weberbaum und die eiserne Speerspitze wog sechshundert Schekel. Sein Schildträger ging vor ihm her. Goliat trat vor und rief zu den Reihen der Israeliten hinüber: Warum seid ihr ausgezogen und habt euch zum Kampf aufgestellt? Bin ich nicht ein Philister und seid ihr nicht die Knechte Sauls? Wählt euch doch einen Mann aus! Er soll zu mir herunterkommen. Wenn er mich im Kampf erschlagen kann, wollen wir eure Knechte sein. Wenn ich ihm aber überlegen bin und ihn erschlage, dann sollt ihr unsere Knechte sein und uns dienen. Und der Philister sagte weiter: Heute habe ich die Reihen Israels verhöhnt (und

gesagt): Schickt mir doch einen Mann, damit wir
gegeneinander kämpfen können. Als Saul und ganz
Israel diese Worte des Philisters hörten, erschraken sie
und hatten große Angst.

David war der jüngste Sohn Isai's aus Betlehem in Juda,
der acht Söhne hatte. Die drei ältesten Söhne Isais
waren zusammen mit Saul in den Krieg gezogen. Der
Philister kam jeden Morgen und Abend und stellte sich
kampfbereit hin - vierzig Tage lang. Eines Tages sagte
Isai zu seinem Sohn David: Nimm für deine Brüder ein
Efa von diesem gerösteten Korn und diese zehn Brote
und lauf damit zu ihnen ins Lager.
Und diese zehn Käse bring dem Obersten der
Tausendschaft! Sieh nach, ob es deinen Brüdern gut
geht, und lass dir ein Pfand (als Lebenszeichen) von
ihnen geben! Saul ist mit ihnen und all den anderen
Israeliten im Terebinthental und sie kämpfen gegen die
Philister. David brach früh am Morgen auf, überließ die
Herde einem Wächter, lud die Sachen auf und ging, wie
es ihm Isai befohlen hatte. Als er zur Wagenburg kam,
rückte das Heer gerade in Schlachtordnung aus und
ließ den Kampfruf erschallen. Israel und die Philister
stellten sich, Reihe gegen Reihe, zum Kampf auf. David
legte das Gepäck ab, überließ es dem Wächter des
Trosses und lief zur Schlachtreihe. Er ging zu seinen
Brüdern und fragte, wie es ihnen gehe. Während er
noch mit ihnen redete, trat gerade aus den Reihen der
Philister ihr Vorkämpfer, der Philister namens Goliat

aus Gat, hervor; er rief die gewohnten Worte und David hörte es. Als die Israeliten den Mann sahen, hatten sie alle große Angst vor ihm und flohen. Sie sagten: Habt ihr gesehen, wie dieser Mann daherkommt? Er kommt doch nur, um Israel zu verhöhnen. Wer ihn erschlägt, den wird der König sehr reich machen; er wird ihm seine Tochter geben und seine Familie wird er von allen Steuern in Israel befreien. David fragte die Männer, die bei ihm standen: Was wird man für den Mann tun, der diesen Philister erschlägt und die Schande von Israel wegnimmt? Wer ist denn dieser unbeschnittene Philister, dass er die Schlachtreihen des lebendigen Gottes verhöhnen darf? Die Leute antworteten ihm dasselbe: Das und das wird man dem tun, der ihn erschlägt. Sein ältester Bruder Eliab hörte, wie er mit den Männern redete, und er wurde zornig auf David. Er sagte: Wozu bist du denn hergekommen? Wem hast du denn die paar Schafe in der Wüste überlassen? Ich kenne doch deine Keckheit und die Bosheit in dir. Du bist nur hergekommen, um den Kampf zu sehen. David erwiderte: Was habe ich denn jetzt wieder getan? Ich habe doch nur gefragt.

Als bekannt wurde, was David gesagt hatte, berichtete man davon auch in Sauls Umgebung und Saul ließ ihn holen. David sagte zu Saul: Niemand soll wegen des Philisters den Mut sinken lassen. Dein Knecht wird hingehen und mit diesem Philister kämpfen. Saul erwiderte ihm: Du kannst nicht zu diesem Philister hingehen, um mit ihm zu kämpfen; du bist zu jung, er aber ist ein Krieger seit seiner Jugend.

David sagte zu Saul: Dein Knecht hat für seinen Vater die Schafe gehütet. Wenn ein Löwe oder ein Bär kam und ein Lamm aus der Herde weg-schleppte, lief ich hinter ihm her, schlug auf ihn ein und riss das Tier aus seinem Maul. Und wenn er sich dann gegen mich aufrichtete, packte ich ihn an der Mähne und schlug ihn tot. Dein Knecht hat den Löwen und den Bären erschlagen und diesem unbeschnittenen Philister soll es genauso ergehen wie ihnen, weil er die Schlachtreihen des lebendigen Gottes verhöhnt hat. Und David sagte weiter: Der Herr, der mich aus der Gewalt des Löwen und des Bären gerettet hat, wird mich auch aus der Gewalt dieses Philisters retten. Da antwortete Saul David: Geh, der Herr sei mit dir.

Und Saul zog David seine Rüstung an; er setzte ihm einen bronzenen Helm auf den Kopf und legte ihm seinen Panzer an, und über der Rüstung hängte er ihm sein Schwert um. David versuchte (in der Rüstung) zu gehen, aber er war es nicht gewohnt. Darum sagte er zu Saul: Ich kann in diesen Sachen nicht gehen, ich bin nicht daran gewöhnt. Und er legte sie wieder ab, nahm seinen Stock in die Hand, suchte sich fünf glatte Steine aus dem Bach und legte sie in die Hirtentasche, die er bei sich hatte (und) die (ihm als) Schleudersteintasche (diente). Die Schleuder in der Hand, ging er auf den Philister zu. Der Philister kam immer näher an David heran; sein Schildträger schritt vor ihm her. Voll Verachtung blickte der Philister David an, als er ihn sah; denn David war noch sehr jung, er war blond und von schöner Gestalt. Der Philister sagte zu David: Bin ich denn ein Hund, dass du mit einem Stock zu mir kommst? Und er verfluchte David bei seinen Göttern. Er rief David zu: Komm nur her zu mir, ich werde dein Fleisch den Vögeln des Himmels und den wilden Tieren (zum Fraß) geben. David antwortete dem Philister: Du kommst zu mir mit Schwert, Speer und Sichelschwert, ich aber komme zu dir im Namen des Herrn der Heere, des Gottes der Schlachtreihen Israels, den du verhöhnt hast. Heute wird dich der Herr mir ausliefern. Ich werde dich erschlagen und dir den Kopf abhauen. Die Leichen des Heeres der Philister werde ich noch heute den Vögeln des Himmels und den wilden Tieren (zum Fraß) geben. Alle Welt soll erkennen, dass Israel einen Gott hat. Auch alle, die hier versammelt sind, sollen erkennen, dass der Herr nicht durch Schwert und Speer Rettung verschafft; denn es ist ein Krieg des Herrn und er wird euch in unsere Gewalt geben. Als der Philister weiter vorrückte und immer näher an David herankam, lief auch David von der Schlachtreihe (der Israeliten) aus schnell dem Philister entgegen. Er griff in seine Hirtentasche, nahm einen Stein heraus, schleuderte ihn ab und traf den Philister an der Stirn. Der Stein drang in die Stirn ein und der Philister fiel mit dem Gesicht zu Boden. So besiegte David den Philister mit einer Schleuder und einem

Stein; er traf den Philister und tötete ihn, ohne ein Schwert in der Hand zu haben.

Dann lief David hin und trat neben den Philister. Er ergriff sein Schwert, zog es aus der Scheide, schlug ihm den Kopf ab und tötete ihn. Als die Philister sahen, dass ihr starker Mann tot war, flohen sie. Die Männer von Israel und Juda aber griffen an, erhoben das Kriegsgeschrei und verfolgten die Philister. Nach der Verfolgung kehrten die Israeliten zurück und plünderten das Lager der Philister. David nahm den Kopf des Philisters und brachte ihn nach Jerusalem. Goliats Waffen aber legte er in sein Zelt. Als Saul David dem Philister entgegengehen sah, sagte er zu Abner, seinem Heerführer: Abner, wessen Sohn ist der junge Mann? Abner antwortete: So wahr du lebst, König, ich weiß es nicht. Der König sagte: Dann erkundige dich, wessen Sohn der Knabe ist. Als David zurückkehrte, nachdem er den Philister erschlagen hatte, nahm ihn Abner mit und führte ihn zu Saul. David hatte den Kopf des Philisters noch in der Hand. Saul fragte ihn: Wessen Sohn bist du, junger Mann? David antwortete: Der Sohn deines Knechtes Isai aus Betlehem.

Nach dem Gespräch Davids mit Saul schloss sein Sohn Jonatan David in sein Herz. Und Jonatan liebte David wie sein eigenes Leben. Saul behielt David von jenem Tag an bei sich und ließ ihn nicht mehr in das Haus seines Vaters zurückkehren. Jonatan schloss mit David einen Bund.. Er zog den Mantel, den er anhatte, aus und gab ihn David, ebenso seine Rüstung, sein Schwert, seinen Bogen und seinen Gürtel. David zog ins Feld und überall, wohin Saul ihn schickte, hatte er Erfolg, sodass Saul ihn an die Spitze seiner Krieger stellte. David war beim ganzen Volk und bei den Dienern Sauls beliebt.

Als sie nach Davids Sieg über den Philister heimkehrten, zogen die Frauen aus allen Städten Israels König Saul singend und tanzend mit Handpauken, Freudenrufen und Zimbeln entgegen. Die Frauen spielten und riefen voll Freude: Saul hat Tausend erschlagen, David aber Zehntausend. Saul wurde darüber sehr zornig. Das Lied missfiel ihm und er sagte: David geben sie Zehntausend, mir aber geben sie nur Tausend. Jetzt fehlt ihm nur noch die Königswürde.

Von diesem Tag an war Saul gegen David voll Argwohn.

Danach befragte David den Herrn: Soll ich in eine der Städte Judas hinaufziehen? Der Herr antwortete ihm: Zieh hinauf! David fragte: Wohin soll ich ziehen? Er antwortete: Nach Hebron. David zog also nach Hebron mit seinen beiden Frauen, Ahinoam und Abigajil. Auch die Männer, die bei ihm waren, führte David hinauf, jeden mit seiner Familie, und sie ließen sich in den Städten um Hebron nieder. Dann kamen die Männer Judas (nach Hebron) und salbten David dort zum König über das Haus Juda. Die Zeit, die David in Hebron König über das Haus Juda war, betrug sieben Jahre und sechs Monate.

Aus 1. Samuel 17 und 18 und 2. Samuel 2

DIE KÖNIGSTOCHTER IN DER FLAMMENBURG

Es war einmal ein Mann, der hatte so viele Kinder als Löcher in seinem Sieb sind und hatte alle Leute in seinem Dorf schon zu Gevatter gehabt. Als ihm nun wieder ein Söhnlein geboren wurde, setzte er sich an die Landstraße, um den ersten besten zu Gevatter zu bitten.

Da begegnete ihm ein alter Mann in grauem Mantel, den bat er und der ging willig mit und half den Jungen taufen. Der Alte schenkte dem Armen eine Kuh und ein Kalb, das war am selben Tag geboren wie der Junge und hatte vorne an der Stirn einen goldenen Stern und das sollte dem Jungen gehören.

Als der Junge größer war, ging er mit seinem Kalb, das nun ein großer Stier geworden war, jeden Tag auf die Weide. Der Stier aber konnte sprechen und wenn sie auf dem Berg angekommen waren, sprach er: „Bleibe du hier und schlafe, indes will ich mir schon meine Weide suchen!" Sobald der Junge schlief, rannte der Stier wie der Blitz fort und kam auf die goldene Himmelswiese und fraß hier goldene Sternblumen. Als die Sonne unterging, eilte er zurück, weckte den Jungen und dann gingen sie gemeinsam nach Hause. Also geschah es jeden Tag, bis der Junge zwanzig Jahre alt war. Da sprach der Stier eines Tages zu ihm: „Jetzt sitz mir zwischen die Hörner, ich trage dich zum König und dann verlange von ihm ein sieben Ellen langes, eisernes Schwert und sage ihm, du wollest seine Tochter erlösen."

Bald waren sie in der Königsburg; der Junge stieg ab, ging zum König und sagte ihm, warum er gekommen sei. Der gab dem Hirtenknaben gern das verlangte Schwert, aber er hatte keine große Hoffnung, seine Tochter wieder zu sehen, denn schon viele kühne Jünglinge hatten es vergeblich gewagt, sie zu befreien. Es hatte sie nämlich ein zwölfhäuptiger Drache entführt und dieser wohnte weit weg, wohin niemand gelangen konnte, denn erstens war auf dem Weg ein hohes, unbezwingliches Gebirge, zweitens ein weites, stürmisches Meer und drittens wohnte der Drache in einer Flammenburg. Wenn es nun auch jemand gelungen wäre, über das Gebirge und das Meer zu kommen, so hätte er doch durch die mächtigen Flammen nicht hindurch dringen können, und wäre er glücklich hindurch gekommen, so hätte der Drache ihn umgebracht.

Als der Junge nun das Schwert hatte, setzte er sich dem Stier zwischen die Hörner und im Nu waren sie vor dem großen Gebirgswall. „Da können wir wieder umkehren", sagte er zum Stier, denn er hielt es für unmöglich, hinüberzukommen. Der Stier aber sprach: „Warte nur einen

Augenblick", und setzte den Jungen zu Boden. Kaum war das geschehen, so nahm er einen Anlauf und schob mit seinen gewaltigen Hörnern das ganze Gebirge auf die Seite, so dass sie weiterziehen konnten. Nun setzte der Stier den Jungen wieder zwischen die Hörner und bald waren sie am Meere angelangt. „Jetzt können wir wieder umkehren!" sprach der Junge. „Warte nur einen Augenblick", sprach der Stier, „und halte dich an meinen Hörnern fest." Da neigte er den Kopf zum Wasser und soff und soff das ganze Meer auf, also das sie trockenen Fußes wie auf einer Wiese weiter zogen.

Nun waren sie bald an der Flammenburg. Aber da kam ihnen schon von weitem eine solche Glut entgegen, dass der Junge es nicht mehr aushalten konnte. „Halte ein!" rief er dem Stiere zu, „nicht weiter, sonst müssen wir verbrennen." Der Stier aber lief ganz nahe und goss auf einmal das Meer, das er getrunken hatte, in die Flammen, so dass sie gleich verlöschten und einen mächtigen Qualm erregten, von dem der ganze Himmel mit Wolken bedeckt wurde. Aber nun stürzte aus dem fürchterlichen Dampfe der zwölfhäuptige Drache voll Wut hervor. „Nun ist es an dir", sprach der Stier zum Jungen, „siehe zu, dass du dem Ungeheuer alle Häupter auf einmal abschlägst." Der nahm alle seine Kraft zusammen, fasste das gewaltige Schwert in beide Hände und versetzte dem Ungeheuer einen so geschwinden Schlag, dass alle Häupter herunterflogen.

Aber nun schlug und ringelte sich da Tier auf der Erde, dass sie erzitterte. Der Stier aber nahm den Drachenrumpf auf seine Hörner und schleuderte ihn nach den Wolken, sodass keine Spur mehr von ihm zu sehen war.

Dann sprach er: „Mein Dienst ist nun zu Ende. Gehe jetzt ins Schloss, da findest du die Königstochter und führe sie heim zu ihrem Vater." Damit rannte er fort auf die Himmelswiese und der Junge sah ihn nicht mehr wieder. Der Junge aber fand die Königstochter drinnen und sie freute sich sehr, dass sie von dem garstigen Drachen erlöst war. Sie fuhren nun zu ihrem Vater, hielten Hochzeit und es war große Freude im ganzen Königreich.

Aus: Sächsische Volksmärchen aus Siebenbürgen, Verlag von Carl Graeser 1882

5. Wunderbar versorgt werden

Der Prophet Elia am Bach Krit

DER PROPHET ELIJA

Der Prophet Elija aus Tischbe in Gilead sprach zu Ahab: So wahr der Herr, der Gott Israels, lebt, in dessen Dienst ich stehe: in diesen Jahren sollen weder Tau noch Regen fallen, es sei denn auf mein Wort hin. Danach erging das Wort des Herrn an Elija: Geh weg von hier, wende dich nach Osten und verbirg dich am Bach Kerit östlich des Jordan! Aus dem Bach sollst du trinken und den Raben habe ich befohlen, dass sie dich dort ernähren. Elija ging weg und tat, was der Herr befohlen hatte; er begab sich zum Bach Kerit östlich des Jordan und ließ sich dort nieder. Die Raben brachten ihm Brot und Fleisch am Morgen und ebenso Brot und Fleisch am Abend und er trank aus dem Bach. Nach einiger Zeit aber vertrocknete der Bach; denn es fiel kein Regen im Land.

Da erging das Wort des Herrn an Elija: Mach dich auf und geh nach Sarepta, das zu Sidon gehört, und bleib dort! Ich habe dort einer Witwe befohlen, dich zu versorgen. Er machte sich auf und ging nach Sarepta. Als er an das Stadttor kam, traf er dort eine Witwe, die Holz auflas. Er bat sie: Bring mir in einem Gefäß ein wenig Wasser zum Trinken! Als sie wegging, um es zu holen, rief er ihr nach: Bring mir auch einen Bissen Brot mit! Doch sie sagte: So wahr der Herr, dein Gott, lebt:

Ich habe nichts mehr vorrätig als eine Hand voll Mehl im Topf und ein wenig Öl im Krug. Ich lese hier ein paar Stücke Holz auf und gehe dann heim, um für mich und meinen Sohn etwas zuzubereiten. Das wollen wir noch essen und dann sterben. Elija entgegnete ihr: Fürchte dich nicht! Geh heim und tu, was du gesagt hast. Nur mache zuerst für mich ein kleines Gebäck und bring es zu mir heraus! Danach kannst du für dich und deinen Sohn etwas zubereiten; denn so spricht der Herr, der Gott Israels: Der Mehltopf wird nicht leer werden und der Ölkrug nicht versiegen bis zu dem Tag, an dem der Herr wieder Regen auf den Erdboden sendet. Sie ging und tat, was Elija gesagt hatte. So hatte sie mit ihm und ihrem Sohn viele Tage zu essen. Der Mehltopf wurde nicht leer und der Ölkrug versiegte nicht, wie der Herr durch Elija versprochen hatte.

Nach einiger Zeit erkrankte der Sohn der Witwe, der das Haus gehörte. Die Krankheit verschlimmerte sich so, dass zuletzt kein Atem mehr in ihm war. Da sagte sie zu Elija: Was habe ich mit dir zu schaffen, Mann Gottes? Du bist nur zu mir gekommen, um an meine Sünde zu erinnern und meinem Sohn den Tod zu bringen. Er antwortete ihr: Gib mir deinen Sohn! Und er nahm ihn von ihrem Schoß, trug ihn in das Obergemach hinauf, in dem er wohnte, und legte ihn auf sein Bett. Dann rief er zum Herrn und sagte: Herr, mein Gott, willst du denn auch über die Witwe, in deren Haus ich wohne, Unheil bringen und ihren Sohn sterben lassen? Hierauf streckte er sich dreimal über den Knaben hin, rief zum Herrn und flehte: Herr, mein Gott, lass doch das Leben in diesen Knaben zurückkehren! Der Herr erhörte das Gebet Elijas. Das Leben kehrte in den Knaben zurück und er lebte wieder auf. Elija nahm ihn, brachte ihn vom Obergemach in das Haus hinab und gab ihn seiner Mutter zurück mit den Worten: Sieh, dein Sohn lebt. Da sagte die Frau zu Elija: Jetzt weiß ich, dass du ein Mann Gottes bist und dass das Wort des Herrn wirklich in deinem Mund ist.

1.Könige 17

DIE STERNTALER

Es war einmal ein kleines Mädchen, dem war Vater und Mutter gestorben, und es war so arm, dass es kein Kämmerchen mehr hatte, darin zu wohnen, und kein Bettchen mehr hatte, darin zu schlafen, und endlich gar nichts mehr als die Kleider auf dem Leib und ein Stückchen Brot in der Hand, das ihm ein mitleidiges Herz geschenkt hatte. Es war aber gut und fromm. Und weil es so von aller Welt verlassen war, ging es im Vertrauen auf den lieben Gott hinaus ins Feld.

Da begegnete ihm ein armer Mann, der sprach: "Ach, gib mir etwas zu essen, ich bin so hungrig." Es reichte ihm das ganze Stückchen Brot und sagte: "Gott segne dir's," und ging weiter. Da kam ein Kind, das jammerte und sprach: "Es friert mich so an meinem Kopfe, schenk mir etwas, womit ich ihn bedecken kann." Da tat es seine Mütze ab und gab sie ihm. Und als es noch eine Weile gegangen war, kam wieder ein Kind und hatte kein Leibchen an und fror: da gab es ihm seins; und noch weiter, da bat eins um ein Röcklein, das gab es auch von sich hin. Endlich gelangte es in einen Wald, und es war schon dunkel geworden, da kam noch eins und bat um ein Hemdlein, und das fromme Mädchen dachte: "Es ist dunkle Nacht, da sieht dich niemand, du kannst wohl dein

Hemd weggeben," und zog das Hemd ab und gab es auch noch hin.

Und wie es so stand und gar nichts mehr hatte, fielen auf einmal die Sterne vom Himmel, und waren lauter blanke Taler; und ob es gleich sein Hemdlein weggegeben, so hatte es ein neues an, und das war vom allerfeinsten Linnen. Da sammelte es sich die Taler hinein und war reich für sein Lebtag.

Märchen der Brüder Grimm

6. Der unverhoffte Erfolg

Ivan Bilibin

DER WUNDERBARE FISCHFANG

Als Jesus am Ufer des Sees Gennezaret stand, drängte
sich das Volk um ihn und wollte das Wort Gottes
hören. Da sah er zwei Boote am Ufer liegen. Die Fischer
waren ausgestiegen und wuschen ihre Netze. Jesus stieg
in das Boot, das dem Simon gehörte, und bat ihn, ein
Stück weit vom Land wegzufahren. Dann setzte er sich
und lehrte das Volk vom Boot aus. Als er seine Rede
beendet hatte, sagte er zu Simon: Fahr hinaus auf den
See! Dort werft eure Netze zum Fang aus! Simon
antwortete ihm: Meister, wir haben die ganze Nacht
gearbeitet und nichts gefangen. Doch wenn du es sagst,
werde ich die Netze auswerfen. Das taten sie, und sie
fingen eine so große Menge Fische, dass ihre Netze zu
reißen drohten. Deshalb winkten sie ihren Gefährten
im anderen Boot, sie sollten kommen und ihnen
helfen. Sie kamen und gemeinsam füllten sie beide
Boote bis zum Rand, sodass sie fast untergingen. Als
Simon Petrus das sah, fiel er Jesus zu Füßen und sagte:
Herr, geh weg
von mir; ich bin ein Sünder. Denn er und alle seine
Begleiter waren erstaunt und erschrocken, weil sie so
viele Fische gefangen hatten; ebenso ging es Jakobus
und Johannes, den Söhnen des Zebedäus, die mit
Simon zusammenarbeiteten. Da sagte Jesus zu Simon:
Fürchte dich nicht! Von jetzt an wirst du Menschen

fangen. Und sie zogen die Boote an Land, ließen alles zurück und folgten ihm nach.

Lukas 5/1-11

JON UND DIE TROLLSRIESIN

Im Nordland wohnte ein Bauer, der fuhr im Herbst und im Winter mit seinem Sohn nach den Westmännerinseln zum Fischen. Der hieß Jon und war vielversprechend. Im nächsten Herbst zog Jon alleine nach dem Fischplatz, denn sein Vater war alt und schwach geworden. Er bat Jon, nur ja nicht unter den hohen Felsen am Bergabhang zu verweilen. Er musste ihm das ernstlich versprechen. Dann zog Jon fort; er hatte zwei Packpferde und ein Reitpferd mit. Aber kaum war er in der Nähe der Felsen, von denen sein Vater gesprochen hatte, da überfiel ihn ein furchtbares Unwetter mit Sturm und Regen. Da kam er zu einem Rastplatz, der reich mit Gras bewachsen war und Schutz gegen den Regen bot und so blieb er doch dort. Er zäumte die Pferde ab und band sie fest. In dem Felsen sah er eine Höhle. Dorthin trug er sein Gepäck, dann machte er es sich in seinen Sachen bequem und begann zu essen. Als er eben im besten Essen war, hörte er ein langgezogenes Geheul in der Höhle und erschrak etwas darüber. Doch dann nahm einen riesigen Fisch aus seinem Proviant heraus, riss die Haut so herunter, dass sie ganz blieb, bestrich den ganzen Fisch dick mit Butter und legte die Haut wieder darüber. Dann schleuderte er ihn möglichst tief in die Höhle hinein und sagte, dies könnten sie behalten, wenn sie wollten. Da verstummte das Geheul und jemand begann den Fisch zu zerreißen. Als Jon fertig gegessen hatte, hörte er ein Geräusch im Geröll und sah eine mächtige Riesin kommen, da wurde es ihm bang. Als sie in die Türe der Höhle kam, sagte sie: „Menschengeruch ist in meiner Höhle." Dann ging sie hinein und Jon hörte die Alte mit jemand sprechen und verstand auch, wie sie sagte: „Besser getan als nicht getan, und es wäre schlimm, wenn es nicht belohnt würde." Und dann kam die Riesin mit einem Licht in der Hand auf ihn zu. Sie begrüßte Jon mit Namen, dankte ihm für den Fisch für ihre Kinder und bat ihn, mit in die Höhle zu kommen. Drinnen sah Jon zwei Betten, in dem einen lagen die beiden Kinder; es waren die, deren Geheul er gehört hatte und die den Fisch gegessen hatten. Die Alte fragte Jon, ob er lieber in ihrem Bett oder in dem der Kinder schlafen wolle, und da er das der Kinder vorzog, bettete sie die Kinder auf den Estrich, bezog sein Bett neu und sorgte für seine Schlafstätte.

Dann fing Jon an zu schlafen und wachte erst wieder auf, als die alte Riesin ihm gekochte Forellen zu essen brachte. Er dankte ihr dafür, und während er aß, saß die alte Riesin bei ihm, erzählte und war sehr vergnügt. Dann sagte sie ihm, dass alle Bootsplätze auf der Insel besetzt seien und kein Schiffer mehr einen Gehilfen aufnähme außer einem alten Fischer, der nur ein fast unbrauchbares Boot hätte. „Ich rate dir, dir einen Platz bei ihm zu sichern; er wird sich zwar weigern, dich zu nehmen, aber du sollst nicht ruhen, bis er nachgibt. Ich kann dir jetzt nicht so lohnen, was du an meinen

Kindern getan hast, aber hier sind zwei Angelhaken, die werden euch nützen. Den einen sollst du nehmen und der Alte den andern. Ihr sollt immer allein fischen und sollt immer als die letzten am Morgen ausrudern und als erste am Abend heimkommen. Ihr sollt auch nicht weiter rudern als bis an den Felsen, der gerade vor dem Landungsplatz steht. Wenn du nach Landinselsand kommst, werden die letzten Inselboote fahrtbereit sein. Binde deine Pferde am Strand zusammen, bitte keinen, für sie zu sorgen, ich werde mich im Winter etwas um sie kümmern. Und wenn es wirklich so kommen sollte, dass du im Winter Glück hast beim Fischen, dann wäre es mir lieb, wenn ich deinen Pferden mein Pferd könnte folgen lassen, um mir ein paar Fische zu holen, denn Dörrfisch schmeckt mir herrlich." Jon versprach, in allen Dingen ihrem Rat zu folgen.

Am Morgen trennte sich Jon in Freundschaft von der Alten. Als er nach Landinselsand kam, lagen die letzten Inselboote fahrtbereit. Er schirrte seine Pferde ab und band sie am Strand zusammen, ohne jemand zu bitten, für sie zu sorgen. Die andern machten sich deshalb lustig über ihn, er aber kümmerte sich nicht um ihren Spott und zog mit ihnen nach den Inseln. Als er dahin kam, bat er jenen Alten so lange, bis der ihn aufnahm. Die anderen Männer fanden nicht, dass er dabei gut beraten gewesen sei und verspotteten ihn.

Nun kam die Fischzeit. Eines Morgens ruderten alle Fischer auf den Inseln bei schönstem und ruhigstem Wetter hinaus. Da sagte der Alte: „Ich weiß nicht, ob ich auch hinausrudern soll. Ich glaube, es wird nicht viel dabei herauskommen." Jon sagte, es sei keine Gefahr dabei, es auch zu versuchen. Dann zogen sie sich ihre Lederanzüge an und fuhren hinaus. Draußen glaubte Jon den Felsen zu erkennen, den die Riesin gemeint hatte. Er sagte, er wolle nur spaßeshalber hier an dieser Stelle seine Schnur auswerfen, und kaum hatte er's getan, als er schon einen Fisch heraufzog. Da gab er dem Alten den andern Angelhaken der Riesin. An diesem Tage hatten sie dreimal das Boot voll an dieser Stelle, fuhren heim, lange ehe die andern kamen, und waren auch bald mit der Zubereitung fertig. Alle waren verwundert über den Fischfang des Alten. Sie fragten ihn, wo es so viel gäbe und am andern Tage ruderten sie auch dorthin, sahen aber an dieser Stelle nichts Lebendiges und fuhren darum wieder weiter hinaus. Jon und der Alte fuhren erst später hinaus und fingen dort genauso viel wie am Tage zuvor. Und so ruderten sie den ganzen Winter nach dem Felsen, jeder fing zwölfhundert Fische und sie waren die Glücklichsten beim Fischfang. Am vorletzten Tage aber waren beide Angelhaken verschwunden. Als sie wieder zurück zum Festland fuhren, spotteten die Leute darüber, dass nun seine wohlgenährten Pferde gewiss seinen vielen Dörrfisch nach dem Nordland tragen könnten. Aber als sie an den Strand kamen, fanden sie zu ihrer Überraschung, dass Jons Pferde aussahen, als seien sie im Winter gemästet worden. Neben ihnen stand noch ein Pferd da mit einem Saumsattel, braun und stark gebaut. Jon band die eine Hälfte des Dörrfischs auf seine beiden Packpferde und lud die andere auf das braune Pferd. Dann ritt er nordwärts.

Die Riesin empfing ihn freundlich und er blieb ein paar Tage bei ihr und gab ihr alle Fische, die der Braune getragen hatte. Sie erzählte ihm, dass ihre Kinder im Winter gestorben und unter dem Felsen neben ihrem Mann begraben seien. Sie erzählte ihm auch, sein Vater sei im Winter gestorben und als einziges Kind müsse er nun die Wirtschaft übernehmen. Er würde sich im Sommer eine Frau nehmen und sehr glücklich werden.

Und dann bat sie ihn noch um die Erfüllung einer Bitte. Sie sagte, sie werde nun nicht mehr lange leben und wenn er von ihr träume, dann möge er möglichst bald herkommen und sie neben ihrem Manne und ihren Kindern begraben. Sie zeigte ihm die Stelle, wo diese begraben waren. Dann öffnete sie eine Seitenhöhle, wo zwei Truhen standen mit Gold und allerlei Schätzen gefüllt. Die solle er bekommen, der Braune könne sie ihm heimtragen. Dann trennten sie sich die beiden in großer Herzlichkeit.

Daheim fand Jon alles so, wie die Riesin gesagt hatte. Er wurde seines Vaters Erbe und heiratete eine Bauerntochter aus der Umgegend. Nun ging es auf die Zeit des Mähens, da träumte Jon eines Nachts von der Riesin. Sofort dachte er an ihre Bitte und stand auf. Seiner Frau wollte er nicht sagen, was er vorhatte, bat sie aber, unbesorgt zu sein, auch wenn er ein paar Tage fortbliebe. Obwohl es stürmte und regnete, ritt er zu der Höhle, so schnell er konnte,. Die Riesin stand draußen und er konnte noch kurz mit ihr sprechen. Er blieb bei ihr, bis sie gestorben war, und begrub sie dann an der von ihr selbst gewählten Stelle. Dann nahm er das braune Pferd mit dem Saumsattel, lud ihm die beiden Truhen auf und zog mit allem fort. Er ritt glücklich heim, blieb auf seinem Hof und wurde ein sehr reicher Mann. Er lebte lange und zufrieden, hatte in allem Glück und war angesehen bei allen Leuten.

Isländische Volksmärchen, Hans u. Ida Nauman, Jena 1923
Erzählfassung: Heidi Christa Heim

7. Die wundersame Heilung

Die Heilung des Blinden, Byzantinische Buchmalerei, Athos, 12. Jh.

DIE HEILUNG EINES BLINDEN

Unterwegs sah Jesus einen Mann, der seit seiner Geburt blind war. Da fragten ihn seine Jünger: Rabbi, wer hat gesündigt? Er selbst? Oder haben seine Eltern gesündigt, sodass er blind geboren wurde? Jesus antwortete: Weder er noch seine Eltern haben gesündigt, sondern das Wirken Gottes soll an ihm offenbar werden. Wir müssen, solange es Tag ist, die Werke dessen vollbringen, der mich gesandt hat; es kommt die Nacht, in der niemand mehr etwas tun kann. Als er dies gesagt hatte, spuckte er auf die Erde; dann machte er mit dem Speichel einen Teig, strich ihn dem Blinden auf die Augen und sagte zu ihm: Geh und wasch dich in dem Teich Schiloach! Der Mann ging fort und wusch sich. Und als er zurückkam, konnte er sehen. Die Nachbarn und andere, die ihn früher als Bettler gesehen hatten, sagten: Ist das nicht der Mann, der dasaß und bettelte? Einige sagten: Er ist es. Andere meinten: Nein, er sieht ihm nur ähnlich. Er selbst aber sagte: Ich bin es. Da fragten sie ihn: Wie sind deine Augen geöffnet worden? Er antwortete: Der Mann, der Jesus heißt, machte einen Teig, bestrich damit meine Augen und sagte zu mir: Geh zum Schiloach und wasch dich! Ich ging hin, wusch mich und konnte wieder sehen.

Sie fragten ihn: Wo ist er? Er sagte: Ich weiß es nicht.

Johannes 9/1-12

DIE VERWUNDETE PRINZESSIN

Es waren einmal ein Padischah und seine Frau, die hatten
keine Kinder und so verbrachten sie die Tage in Kummer
und Verdruss. Endlich gab Allah ihnen Gnade und sie
bekamen doch noch eine Tochter. Mit ihnen war das ganze
Volk von großer Freude erfüllt und tagelang veranstaltete
man Freudenfeste.

Das Mädchen wuchs heran und wurde immer schöner. Die
Dienerinnen trugen sie auf Händen und die Eltern erfüllten
ihr jeden Wunsch. Aber als sie ein junges Mädchen
geworden war, siehe, da erschienen auf ihrem Leib lauter
Wunden. Die Eltern schickten ihr die besten Ärzte und die
bereiteten Salben und Arzneien, doch nichts half. Auf dem
Leib der jungen Prinzessin war keine Stelle mehr, die nicht
von blutenden Wunden bedeckt war. Die Prinzessin konnte
es vor Schmerz nicht mehr aushalten, ihre Tränen nicht
zurück halten.

Endlich, als gar nichts mehr helfen wollte, gab der
Padischah einem Goldschmied den Befehl, den Leib der
Tochter von Kopf bis Fuß mit Gold zu bedecken. Das
Blut hörte nun auf zu fließen, die Schmerzen jedoch
blieben, denn die Wunden waren nicht geheilt. Doch der
Padischah war froh, dass er seiner Tochter wenigstens
diese kleine Hilfe hatte verschaffen können.

Nun drang die Kunde von der mit Gold bedeckten Prinzessin ins Land und mancher hätte es gern gestohlen. Damals lebte eine alte Hexe, die verschiedene Gestalten annehmen konnte, um unerkannt ihre Übeltaten zu verrichten. Diese Hexe nahm nun eine ehrwürdige Gestalt an, ging zum Serail, machte dem Türhüter seltsame Zeichen und sagte, sie sei gekommen, um die Prinzessin zu heilen. Der Padischah ließ sie rufen und sie fiel vor ihm zur Erde nieder. Siebenmal berührte sie mit der Stirn die Erde und sprach: „Oh mein Padischah! Ich bin die Tochter des berühmtesten Arztes aus dem Lande Jemen. Noch auf dem Sterbebett lehrte mich mein Vater all seine Kunst. Ich kenne Kräuter, die niemand kennt. Wenn ich drei Tage mit der Prinzessin allein sein kann, werde ich sie gewisslich heilen." Der Padischah glaubte ihr. Im Garten des Serails gab es einen abgelegenen Pavillon. Dorthin ließ er seine Tochter und die Alte bringen und auch Essen und Trinken für drei Tage.

Als nun im Serail alle Lichter erloschen waren, sagte die Alte: „Mein Täubchen! Ich werden nun den Goldüberzug entfernen, damit ich sehen kann, welcher Art deine Wunden sind und dir dann eine Arznei bereiten." Und das arme Mädchen freute sich, dass sie nun bald von ihren Schmerzen erlöst sein würde. Die Hexe entfernte das Gold, dann holte sie eine Flasche mit Zauberwasser aus der Tasche und besprengte das Mädchen von oben bis unten damit. Der wurde schwindelig, ihre Augen verdunkelten sich und sie sank wie tot auf den Boden hin. Die Hexe aber brach das Gold in kleine Stücke und steckte es in die Tasche. Dann wickelte sie die Prinzessin in ein altes Tuch, lud sie auf den Rücken und im Schutz der Dunkelheit eilte sie mit ihr davon. Als sie nun weit genug vom Serail entfernt waren, ließ sie das Mädchen am Wegrand zurück und machte sich davon.

Als die Prinzessin am Morgen aus ihrem Zauberschlaf erwachte, schmerzten ihre Wunden schlimmer als je zuvor. Sie war allein in einer öden Gegend, sah in der Ferne jedoch so etwas wie einen Brunnen. Mühsam schleppte sie sich dorthin. Es war ein Brunnen! Sie begann, mit einer Hand Wasser zu schöpfen, um zu trinken. Kaum hatte sie das Wasser auf die erste Wunde gebracht, war sie verschwunden. Ja, da wusch sie auch alle übrigen Wunden mit dem heilenden Wasser und alle wurden vollkommen gesund. Welches Wunder! Die Prinzessin sang und tanzte vor Freude und dann machte sie sich auf den Weg, um Menschen zu finden.

Schließlich kam sie zu einem Feld, auf dem ein alter Bauer pflügte. Sie bat ihn um ein wenig Brot und erzählte ihm, was ihr zugestoßen war. Der Bauer gewann das Mädchen lieb und nahm sie mit sich nach Hause. Er hatte eine Frau und einen herangewachsenen Sohn, die freuten sich, dass ihrem Hause nun ein so schönes Mädchen beschert worden war. Es dauerte nicht lange, da hatten die beiden jungen Leute einander lieb und als der Bauer das merkte, verheiratete er sie. Sie waren mit ihrem Leben zufrieden und bekamen nach einem Jahr ein Kind. Da sagte die junge Frau zu ihrem Mann: „Lass mich unserem Sohn den Namen geben und wenn wir noch weitere Kinder bekommen, möchte ich auch diesen den Namen geben." Da nannte sie den ersten Sohn: „Was war ich", den zweiten „Was bin ich" und das jüngste Kind, ein Mädchen „Was werde ich sein".

Einmal arbeiteten die die Eltern auf dem Feld und die Kinder spielten am Wegrand. Zufällig fuhr der Padischah an dieser Stelle vorbei, dem gefielen die schönen Kinder und er hielt an. Als er sie nach ihrem Namen fragte, wunderte er sich sehr über ihre Namen. Da kamen ihre Eltern herbei. Die junge Frau erkannte ihren Vater sogleich wieder, wenngleich er auch aus Kummer über ihren Verlust weiße Haare bekommen hatte und gab sich ihm zu erkennen. Dem Padischah war es, als ob die ganze Welt ihm gehörte: er hatte seine Tochter wieder und drei Enkelkinder und einen Schwiegersohn dazu! Er nahm sie alle mit sich zum Serail und von jenem Tage an führten sie ein glückliches Leben.

Türkische Märchen, Otto Spies, München 1967
Erzählfassung: Heidi Christa Heim

11. Aus wenig wird viel

Bodenmosaik der Brotvermehrungskirche in Tabgha

DIE SPEISUNG DER VIERTAUSEND

In jenen Tagen waren wieder einmal viele Menschen
um Jesus versammelt. Da sie nichts zu essen hatten, rief
er die Jünger zu sich und sagte: Ich habe Mitleid mit
diesen Menschen; sie sind schon drei Tage bei mir und
haben nichts mehr zu essen. Wenn ich sie hungrig nach
Hause schicke, werden sie unterwegs
zusammenbrechen; denn einige von ihnen sind von
weither gekommen. Seine Jünger antworteten ihm:
Woher soll man in dieser unbewohnten Gegend Brot
bekommen, um sie alle satt zu machen? Er fragte sie:
Wie viele Brote habt ihr? Sie antworteten: Sieben.

Da forderte er die Leute auf, sich auf den Boden zu
setzen. Dann nahm er die sieben Brote, sprach das
Dankgebet, brach die Brote und gab sie seinen Jüngern
zum Verteilen; und die Jünger teilten sie an die Leute
aus. Sie hatten auch noch ein paar Fische bei sich. Jesus
segnete sie und ließ auch sie austeilen. Die Leute aßen
und wurden satt. Dann sammelte man die übrig
gebliebenen Brotstücke ein, sieben Körbe voll. Es
waren etwa viertausend Menschen beisammen. Danach
schickte er sie nach Hause. Gleich darauf stieg er mit
seinen Jüngern ins Boot und fuhr in das Gebiet von
Dalmanuta.

Markus 8/1-9

DER SÜSSE BREI

Es war einmal ein armes, frommes Mädchen, das lebte mit seiner Mutter allein, und sie hatten nichts mehr zu essen. Da ging das Kind hinaus in den Wald, und begegnete ihm da eine alte Frau, die wusste seinen Jammer schon und schenkte ihm ein Töpfchen, zu dem sollt es sagen: "Töpfchen, koche," so kochte es guten, süßen Hirsebrei, und wenn es sagte: "Töpfchen, steh," so hörte es wieder auf zu kochen.

Das Mädchen brachte den Topf seiner Mutter heim, und nun waren sie ihrer Armut und ihres Hungers ledig und aßen süßen Brei, sooft sie wollten.

Auf eine Zeit war das Mädchen ausgegangen, da sprach die Mutter: "Töpfchen, koche," da kocht es, und sie isst sich satt; nun will sie, dass das Töpfchen wieder aufhören soll, aber sie weiß das Wort nicht. Also kocht es fort, und der Brei steigt über den Rand hinaus und kocht immerzu, die Küche und das ganze Haus voll und das zweite Haus und dann die Straße, als wollt's die ganze Welt satt machen, und ist die größte Not, und kein Mensch weiß sich da zu helfen. Endlich, wie nur noch ein einziges Haus übrig ist, da kommt das Kind heim und spricht nur: "Töpfchen, steh," da steht es und hört auf zu kochen, und wer wieder in die Stadt wollte, der musste sich durchessen.

Märchen der Brüder Grimm

12. Von neuem Leben

V. van Gogh

DIE AUFERWECKUNG DER TOCHTER DES JAIRUS

Während Jesus redete, kamen Leute und sagten zu Jaïrus: Deine Tochter ist gestorben. Warum bemühst du den Meister noch länger? Jesus, der diese Worte gehört hatte, sagte zu dem Synagogenvorsteher: Sei ohne Furcht; glaube nur! Und er ließ keinen mitkommen außer Petrus, Jakobus und Johannes. Sie gingen zum Haus des Synagogenvorstehers. Als Jesus den Lärm bemerkte und hörte, wie die Leute laut weinten und jammerten, trat er ein und sagte zu ihnen: Warum schreit und weint ihr? Das Kind ist nicht gestorben, es schläft nur. Da lachten sie ihn aus. Er aber schickte alle hinaus und nahm außer seinen Begleitern nur die Eltern mit in den Raum, in dem das Kind lag. Er fasste das Kind an der Hand und sagte zu ihm: Talita kum!, das heißt übersetzt: Mädchen, ich sage dir, steh auf! Sofort stand das Mädchen auf und ging umher. Es war zwölf Jahre alt. Die Leute gerieten außer sich vor Entsetzen. Doch er schärfte ihnen ein, niemand dürfe etwas davon erfahren; dann sagte er, man solle dem Mädchen etwas zu essen geben.

Markus 5/35-43

DIE RATTE, DIE SICH FLEDERMAUSTE

Es war einmal eine sehr alte Ratte, die konnte nicht mehr arbeiten. Da dachte sie nach und sprach: „Ich bin zu alt für das Rattenleben. Es ist Zeit, dass ich mich verwandle! Was aber soll ich werden? Soll ich eine Schabe werden oder eine Schlange? Nein, dann würden die Menschen mich zertreten oder totschlagen. Ich möchte in der Nacht sehen und nicht gesehen werden! Ich will Fledermaus werden. Die Fledermaus fliegt in der Nacht und sie frisst reife Bananen", sagte die Ratte.

Die Ratte hängte sich mit dem Kopf nach unten an einen Ast und bekam den Schluckauf. Das hörte eine richtige Fledermaus, kam herbei und fragte sie: „Warum hängst du denn da? Du willst mich wohl verspotten?" – „Ich verspotte dich nicht. Ich will Fledermaus werden!" – Da fiel ihr Schwanz ab und ihre Haut spannte sich aus zu Flügeln. Die Fledermaus flog zu ihren Leuten und sagte: „Da hinten ist eine Ratte, die sich in eine Fledermaus verwandelt. Ich habe sie gesehen. Sie will sich verwandeln, um mit uns zu leben. Lasst sie in Ruhe, damit sie sich verwandeln kann!" – „Eine Ratte fledermaust sich! Vorwärts, wir wollen sie sehen!" Und alle flogen hin, wo die Fledermaus immer noch hing und zitterte.

Die erste Fledermaus fragte: „Hast du dich schon verwandelt, Ratte?" – „Ich habe mich schon verwandelt und ich möchte fliegen, aber ich fürchte mich!"- „Fürchte dich nicht, Ratte! Fliege! Es ist wunderschön!" Doch die Ratte fürchtete sich und zitterte und zitterte und blieb hängen. Da rief die Fledermaus: „Fürchte dich nicht vor dem Fliegen, Ratte! Ich werde dich unterrichten. Fächle und fächle mit deinen beiden Flügeln - und dann lass los und du wirst fliegen!" Die Ratte tat es und sie flog! „Wunderschön ist es!" rief sie und flog dahin. Seitdem fliegt die Ratte durch die Nacht. Sie sieht im Dunkeln und sie frisst reife Bananen. - Ein alter Indianer hat es erzählt. In seinem Land, da ist es geschehen.

Die schönsten Märchen der Welt für 365 und einen Tag, Lisa Tetzner, Jena 1924, 17. Januar Erzählfassung: Heidi Christa Heim

Maria Sibylla Merian

Die wundersamen Wunder der Zaubermärchen

Jedes Märchen dieses Buches erzählt von mindestens einem Wunder. Gleich im ersten begegnet ein verirrter und verzweifelter Prinz in einsamstem Gebirge wie durch ein Wunder einer hilfreichen, alten Frau. Sie führt in aus der Panik in die Stille, sie lehrt ihn warten und beten, auch verbindet sie ihn wieder mit dem Himmel. Woher sie kommt und wohin sie später geht erfahren wir ebenso wenig wie woher sie sein Anliegen kennt und warum sie ihm hilft. Ein dreifaches Wunder ist es auch, wie sich dann die drei Brautringe mit Stern, Mond und Sonne materialisieren. – Auch in den nachfolgenden Märchen reihen sich große und kleine Wunder aneinander wie Perlen an einer Schnur, bis wir im letzten von einem lakonischen Verwandlungswunder hören: „Die Ratte sprach: Ich will Fledermaus werden. Da fiel ihr Schwanz ab und ihre Haut spannte sich zu Flügeln."
Doch nicht nur in diesen Zaubermärchen der Volksmärchen geschehen Wunder, sondern in unzähligen anderen aus der ganzen Welt auch. So spricht man vom Märchen zu Recht auch als einer Wundererzählung. In ihnen wird die „normale" Wirklichkeit durch magische Handlungen oder Dinge oder Kräfte zugunsten der Hauptfigur verwandelt.

Wundersame Begegnungen

Der Märchenheld, die Märchenheldin müssen dafür
vom seitherigen Zuhause aufgebrochen sein und oft
vorab ihr gutes Herz durch eine soziale Tat gezeigt
haben. Ebenfalls wichtig ist ihr bescheidenes, ja
ehrfürchtiges Verhalten anderer Wesen und der Welt
überhaupt gegenüber, so können sie auch Rat erbitten
und annehmen. Hilfreiche Mächte können auch ohne
Vorleistung kommen, doch stets muss der
Märchenmensch dann später selbst auch etwas
beitragen, etwa sein Pferd der Füchsin oder dem grauen
Wolf als Speise opfern und ihrem gutem Rat folgen.
Jeder Märchenweg der Hauptfiguren ist voller Gefahren
und wie sie ans Ziel ihrer Sehnsucht kommen oder ihre
Aufgabe erfüllen können, wissen sie meist selbst nicht.
Plötzlich, vor allem in Grenzsituationen der Not und
Gefährdung, erscheinen wundersam, wie aus dem
Boden gewachsen, die Wunder wirkenden Helferinnen
und Helfer. Sehr oft haben diese eine unscheinbare,
lächerliche oder sonderbare Gestalt: ein winziger
Zwerg, der freundlich gegrüßt sein will. Ein alter Mann,
der die Risse des Weges zusammen näht, die sich von
der Hitze gebildet haben. Eine hinfällige alte Frau, die
immer mit dem Kopf wackelt und die doch weiß, wie
eine Verzauberung gelöst werden kann. Ein Einsiedler
auf dem Berg oder in der Wüste, der rettende

Zaubergaben besitzt. Sehr häufig begegnen die Hauptfiguren auch einem hilfreichen Tier, das mit seinen besonderen Fähigkeiten und Kräften dort weiterhilft, wo der Mensch es nicht mehr kann. Auch Elemente wie die vier Winde, kosmische Wesen wie Sonne, Mond und Sterne und Naturgeister wie Zwerge und Feen können Rat geben und Wunder wirken. Stets gilt jedoch, dass die Hauptfiguren die Wunder nicht selbst herbeizaubern, sie bekommen die Wunder geschenkt und nehmen sie einfach hin.

Es ist in sich ja schon ein Wunder, dass alle diese Wesen passgenau im rechten Augenblick auftauchen und ein weiteres, dass sie Anliegen und Not, Weg und Ziel der Märchenmenschen von sich aus genau kennen: „Genug, genug, ich weiß schon, was dir fehlt!" – und der Einsiedler lässt den König nicht weiterreden und schenkt ihm Zauberfrüchte und guten Rat. Wer alle diese Helfer sind, woher sie so „zufällig" kommen, warum sie helfen, wohin sie dann so plötzlich wieder verschwinden, wird uns nicht erklärt. Drewermann vermutet, dass viele von ihnen jenseitige Mächte sind, die eine uns vertraute Gestalt angenommen haben, damit wir ihnen leichter vertrauen können. Otto Betz hält auch Totenseelen für möglich, die den hier Lebenden beistehen. Anders als in Legende und Sage begegnen die Märchenfiguren all diesen Wesen ohne Staunen und Furcht, sozusagen auf Augenhöhe. „Dem Märchen ist das Wunder etwas Selbstverständliches, wenn auch nicht Alltägliches." (Max Lüthi) Heinz Röllecke formuliert das etwas humorvoller: „Ein Märchen ist eine kurze, bemerkenswerte Geschichte, die ein Wunder enthält, über das sich im Märchen jedoch niemand wundert."

Wundersame Zaubergaben

Vor allem aber besitzen und schenken diese hilfreichen Wesen Zauber- und Wunderdinge in endloser Fülle: Ring, Hut, Sattel, mit derer Hilfe einer sich überall hin wünschen kann „und er ist im Augenblick da". Ein Tischleindeckdich, ein stets gefüllter Beutel, nie versiegende Flaschen und Töpfe. Siebenmeilenstiefel, Schiffe, die auch über Land fahren und Teppiche, auf denen man fliegen kann. Ein Mantel oder eine Kappe, die unsichtbar machen. Salben und Kräuter, die heilen oder unverwundbar machen. Blumen, Tierhaare und -federn, mit deren Hilfe ein Mensch sich in ein Tier verwandeln kann. Schwert und Bogen, die immer treffen – und vieles anderes mehr! Wunderbarerweise passen die jeweiligen Gaben genau zur geforderten Aufgabe später. Die Hauptfiguren nehmen sie ungerührt entgegen, verwenden sie meist nur einmal dazu und danach sind sie vergessen. Jedoch steht fest, dass die Märchenfiguren nur mithilfe von Wundern sicher ihren Weg gehen können und dass nur mit Hilfe von Wundern ihr Leben gelingt. Und dass auch die Zaubergaben im rechten Augenblick passgenau kommen, ist ebenfalls Wunders genug.

Wunder auf unserem eigenen Lebensweg

Wenn nun die Bibel und andere heilige Schriften von unzähligen Wundern berichten, wenn die Märchen aller Völker selbstverständlich von ihnen erzählen, dann versichern sie uns in vielstimmigem Chor: Es gibt Wunder! Das bezeugt übrigens auch die Sprache mit vielen Begriffen: wunderschön, wundervoll, wunderlich, wundersam, wunderbar, sich verwundern, Wundertäter, Wundertüte, Wunderheilung, Wunderdoktor, Wunderkind, Wunderwerk ..... Es ist also geprüfte Menschheitserfahrung: Es gibt Wunder in jedem Leben und jedem Menschen werden Wunder geschenkt! Wir tun wohl daran, einerseits alles zu tun, was wir selbst vermögen UND andererseits das Wunder gegen jede Erwartung zu erhoffen, es uns vorzustellen und es zu erträumen! Die Frage ist jedoch, ob wir für die Wunder unseres Lebens offen sind. Wenn wir für sie danken können, dann bin ich sicher, dass immer mehr große und kleine Wunder geschehen werden. Hilde Domin rät uns

"dem Wunder
leise
wie einem Vogel
die Hand hinhalten".

Heidi Christa Heim

Druck:
CPI Druckdienstleistungen GmbH
im Auftrag der
Zeitfracht GmbH
Ein Unternehmen der Zeitfracht - Gruppe
Ferdinand-Jühlke-Str. 7
99095 Erfurt